JÖRG SPITZER

AF208505

*DER RIPPER VON ROSTOW*

*DAS LEBEN UND STERBEN DES*
*ANDREI ROMANOWITSCH TSCHIKATILO*

*Biographie eines Serienmörders*

*Der Ermordete ist nicht ohne Verantwortung
an seiner Ermordung.
Und der Beraubte nicht schuldlos an seiner
Beraubung.
Der Rechtschaffene ist nicht unschuldig an den
Taten des Bösen.*

Khalil Gibran  libanesisch-US-amerikanischer Dichter, Philosoph und Maler.

# JÖRG SPITZER

## DER RIPPER VON ROSTOW

*„ Das ganze Geschrei, das Blut und die Qual gab mir die Entspannung und eine gewisse Freude."*

*Andrei Tschikatilo*

*Willkommen in diesem Leben, mein lieber kleiner Andrei.*

*Jetzt liegst du da, nackt, hilflos, unschuldig, bist am schreien, spucken und strampelst mit deinen kleinen Beinen in der Luft herum.*

*Du verstehst doch überhaupt noch nicht was alles um dich geschieht, warum etwas geschieht. Du hast Angst vielleicht Schmerzen hast Hunger. Dir ist kalt, du frierst, dein kleiner Kopf kann das alles gar nicht verstehen. Es wird aber nicht lange dauern, bist du weißt, was das alles zu bedeuten hat.*

*Du wirst dann eine wunderbare Kindheit erleben. Du wirst geliebt werden, man wird für dich sorgen, immer wird jemand auf dich acht geben.*

*Du wirst schon bald viele liebe Freunde haben, unzählige Dinge lernen und im spielen wirst du auf das Leben vorbereitet.*

*Wenn du dann eines Tages ein großer, weiser Mann bist, kannst du alles, was dir Freude und Leichtigkeit bereitet hat, mit unendlicher Liebe an andere Menschen weitergeben.*

*Du wirst ein Mensch voller Wärme und Herzlichkeit, Geborgenheit geben und geborgen sein.*

*Du wirst ein wahrer Mensch werden.*

Mit diesen oder auch ähnlichen Worten hätte das Leben seinem Schützling Andrei Romanowitsch Tschikatilo bei seiner Geburt zuflüstern können oder wenn ich hier schon ja metaphysisch daherkomme, zumindest die „Weichen" so stellen können, dass diese Zukunftsprognosen auch würden eintreten können.

Aber wie so oft im Leben, so auch hier, entschieden pure Zufälle über den weiteren Werdegang eines Menschen.

Stattdessen fand das Leben dieses Mannes an einem Montag, den 14 Februar 1994 in einem schäbigen Gefängnisraum ein vorzeitiges gewaltsames Ende.

Dies ist die Geschichte eines Mannes, der einmal zu wahrscheinlich 53 höchst grausamen Tötungen fähig sein sollte und als sogenannte Bestie oder der Ripper von Rostow in die kriminalhistorischen Annalen eingehen wird.

In diesem Buch werde ich nicht detailgenau auf die einzelnen Mordtaten eingehen. Das wäre zu trivial und für einen Kriminalroman dienlich.

Nein, mir geht es mehr um die Neuropathologisch-physiologischen, soziopsychologischen und auch kulturellen Hintergrund-Aspekte.

Das Tschikatilo stets seinen Opfern die Augen ausgestochen hat,sie grausam verstümmelt und ausgeweidet wurden, er seinen männlichen Opfern mit bloßen Händen die Hoden abgerissen haben soll, seinen weiblichen Opfern die Brustwarzen abgebissen wurden und er kannibalistischen Tendenzen fröhnte in Form von verspeisen von Gebärmüttern, mag als grober Hinweis genügen. Nicht umsonst wurde er als Ripper oder auch Bestie bezeichnet.

## Die (Un)-Normalität des A. R. Tchikatilo

*Was bewegt die Fahne?*
*Vor seiner Ordination zum sechs*
*ten Patriarchen des Shaolintempels kam der*
*chinesische Meister des Chan-Buddhismus*
*Hui Neng zum Tempel Bup Sung Sa und wurde*
*Zeuge eines Streitgesprächs zwischen zwei auf*
*einem Felsen sitzenden Mönchen, die über*
*eine am Mast flatternde Fahne diskutierten.*
*Einer meinte: Die Fahne bewegt sich.*
*Der Andere warf ein: Der Wind, nicht die*
*Fahne, bewegt sich.*
*Hui Neng gab zu bedenken: Was sich wirklich*
*bewegt, ist weder der Wind noch die Fahne*
*Verblüfft über seine ungewöhnliche Antwort*
*auf ihre Streitfrage, fragten die beiden Mönche*
*den Weisen:*
*Was bewegt sich denn wirklich?*
*Hui Neng erwiderte: Euer Geist bewegt sich!*

Was *normal* ist oder wie es sich zumindest anfühlen müsste, blieb einem Menschen wohl sein (fast) ganzes Leben verborgen.

Es offenbarte sich ihm nicht die Wichtigkeit und Schönheit einer gesunden und unbeschwerten Kindheit. Es zeigten sich nicht die entwickelnden und aufbauenden Kräfte und Prozesse einer aufregenden, turbulenten und richtungsweisenden Jugend.

Es begab sich allerdings recht bald und ohne Umschweife das aus einem *unnormalen* Menschen ein *normaler* Mensch wurde.

Zu fatalen Fehlern der Natur die seinen *normalen* biologischen Werdegang nachhaltig beeinträchtigen sollten, gesellten sich dann noch zu allem Überdruss höchst ungünstige soziale und kulturelle Umstände und Faktoren, die eine Metamorphose von einem *unnormalen* Menschen zu einem *normalen* Serienmörder entscheidend unterstützen sollten. Das dieser Prozess der Metamorphose rd. 42 Jahre Bestand haben sollte, war dem zerbrechlichen und kleinen Jungen der an einem Freitag, den 16. Oktober 1936 in dem ukrainischen Dorf Jablutschne mit seinen schon von da an *schwächlichen* und *unnormalen* Augen das Licht dieser Welt erblickte, natürlich noch nicht **bewusst**. Zum

9

Glück wurde er nicht an einem Freitag, den Dreizehnten geboren; womöglich wäre dieser Umstand noch als kausales Element seiner Taten ausgelegt worden. So aber sollten sich erst weit über 200 Strafaktenbände füllen um dann höchst offiziell von juristischer und psychiatrischer Seite verkündet zu werden das dieser A.R.Tschikatilo trotz massivster Beeinträchtigungen und Dysfunktionalitäten ein gemeiner simpler Mörder sei und voll zurechnungsfähig für seine Taten ist. Da er ja *wusste* was er tat war er voll für schuldig zu erklären und nach dem Willen der Gesellschaft in den Tod zu befördern. Das *normierte gesellschaftlich bzw. staatlich legalisierte Töten* von Menschen als höchste Form der Bestrafung wurde angewendet und ausgeführt. Was aber nun vorher beim Täter als Rechtfertigungsgrund für seine Taten, nämlich unter anderem *Hass*, als niederer Beweggrund von der Gesellschaft nicht akzeptiert werden konnte erfährt im staatlichen juristischen Rechtfertigungsgrund der *Rache* ein eigentümliches Pedant.
*Rache* ist auch nichts weiter als ein *niederer* Beweggrund doch wird er hier sozial akzeptiert.

Als die 42 Jahre während Qual des A.R. Tschikatilo vorbei war folgte einer *unnormalen* Entwicklung ein *normales* Ergebnis. Denn als der Russisch-Lehrer und Techniker A.R. Tschikatilo kurz vor Weihnachten 1978 seine erste Tötung an der neunjährigen Elena Sakotnowa durchführte, sollte die zu diesem Zeitpunkt abgeschlossene Metamorphose ca. 12 Jahre noch andauern, für ca. 53 Tötungen verantwortlich sein und Tchikatilo als **„Ripper von Rostow**[3]" in die Kriminalhistorie eingehen lassen.

Seinen ganz eigenen, individuellen Lebensweg, seine Biographie oder wie heute auch gesagt wird, *Vita,* werden wir uns etwas genauer ansehen müssen, werden dann sehen müssen, warum 21 Frauen und etwa 32 Kinder zum größten Teil bestialisch getötet wurden; von einem Menschen der am Ende seines Strafprozesses für seine verübten Taten als voll zurechnungsfähig beurteilt wurde und es dennoch nicht war. Aber diese Beurteilung von Seiten psychiatrischer Gutachter verwundert kaum wie wir noch sehen werden. Schließlich führte dieses Gutachten einer heilkundlichen Disziplin dazu, dass ein nach unseren Kriterien

---

3 Tchikatilo studierte und lebte u.a. auch in der Stadt Rostow.

durch und durch kranker Mensch staatlich-
erseits mit einem Genickschuss getötet werden
durfte ebenda aus einem Racheanspruch des
Staates (*der Gesellschaft*) der auf einem
niederen Grund beruht.

Vier Jahre vor Tschikatilos Geburt wurde die
damalige noch junge ukrainisch-sozialistische
Sowjetrepublik, auch als *Kornkammer der
Sowjetunion* bezeichnet, von einer
katastrophalen Hungersnot heimgesucht.
Unterschiedlichen Schätzungen nach fielen bis
zu 14 Mio. Menschen mittelbar oder
unmittelbar diesem wohl politisch initiierten
Desaster zum Opfer. Unter dem Begriff
„**Holodomor**"[4] ging diese grauenvolle Zeit in
die Geschichte ein. Dazu später noch etwas
Konkreteres.

Andrei Tschikatilo war zu diesem Zeitpunkt
noch nicht geboren, als seine Mitmenschen
anfingen, vor lauter Hunger und dem dadurch
drohenden Tod, ihre bereits verstorbenen
Leidensgenossen zu verspeisen.

Der ältere Bruder Tchikatilos, Stepan, wurde
so zum tragischen Opfer dieser Hungerkatastrophe und, nach den Erzählungen der eigenen
Mutter, entführt und aufgegessen.

---

4  Holodomor. Ukrainisch für „ Tötung durch
Hunger".

Dieses kannibalische Verhalten fand seine Fortsetzung in Tschikatilo selber, als dieser später bei seinen Opfern teilweise Körperteile aß oder auf ihnen herumkaute.

Nach solch einem Ereignis kann keine normale Familiensituation mehr vorhanden gewesen sein. Das diese Geschehnisse in Trauerprozessen-arbeit versucht wurden zu bewältigen, schließe ich hier einmal ganz kühn aus. Heerscharen von Psychotherapeuten oder Psychiatern, wie sie heutzutage vorhanden sind, gab es zu jener Zeit nicht. Als nun der kleine Andrei geboren wurde, lag somit schon eine düstere und unheilvolle Aura über seinem späteren Umfeld. Sein erheblicher Sehfehler, seine kranken und schwächlichen Augen, seine bis ins Jugendalter während Bettnässerei und seine mit Entsetzen festgestellte Impotenz im heranreifenden jungen Mann brachten dann nicht einen vor Selbstvertrauen-und Bewußtsein strotzenden Menschen hervor, sondern, um es gelinde auszudrücken, einen labilen und wenig durchsetzungsfähigen Charakter. Da dem Kind Andrei keine adäquate Brille gekauft werden konnte, weil kein Geld vorhanden war, traten große schulische Probleme auf; der Junge konnte dem Unterricht nicht mehr folgen, weil er

nicht richtig sehen konnte. Die weitere
Konsequenz hieraus war, dass seine
Mitschüler diese Schwäche recht bald
herausfanden und anfingen ihn zu mobben, so
würde man es heute ausdrücken.

Das hier schon schwerwiegende Verhaltens-
auffälligkeiten neben den bereits vorliegenden
Defekten hervorgerufen wurden, bedarf wohl
keiner weiteren Auslegung! Die menschliche
Physis (und mit ihr das ganze Denken und
Handeln) lässt sich nicht in ein Schema
pressen, so gerne das auch die Kultur und ihre
Methoden der Erziehung und (schulischen)
Bildung sehen würden. Menschliche Entwick-
lungen und Entfaltungsprozesse verlaufen nie
linear, sondern immer nur subjektiv und stets
individuell. Allein die vorgenannten wenigen
Umstände mögen schon für sich alleine eine
*„auffällige"* und *„unnormale"* Sichtweise
produzieren. Und wenn jetzt an dieser Stelle
der standardmäßige Einwand erhoben wird das
solch eine Entwicklung oder eine ähnliche
viele (junge) Menschen durchlaufen und eben
nicht auffällig (zum Serienmörder) werden, so
ist dies ein wenig schlüssiges Argument, dass
nur statistischen Perspektiven folgt.

Trotz aller Bekundungen der vor Arroganz
strotzenden Neurowissenschaften werden nur

sehr hypothetische Erklärungen angeboten:
Wir wissen bis heute nicht wie Gefühle,
Ängste und andere Emotionen genau entstehen
und letztlich verarbeitet werden. Dem ist so,
wie später noch dargelegt wird.
Andrei Tschikatilo sagte einmal selber dass er
„*ohne Augen und Genitalien geboren wurde.* "
Aus seiner eigenen , ganz subjektiven Sicht,
konnte er tatsächlich nicht „*erkennen*" was
*normal* ist, geschweige denn eine Reifung
nach unseren Vorstellungen und Maßstäben
erfahren.
Tschikatilo zeugte mit seiner Frau Fenja noch
zwei Kinder; ein wohl eher verzweifelter und
ebenso sinnloser Versuch doch noch ein
wenigstens nach außen scheinendes *normales
Leben* darzustellen. Aber bereits hier zu
diesem Zeitpunkt muß bei Tschikatilo bereits
seine Pädophilie bzw. Pädosexualität
vorgelegen haben. Schon von daher war dieses
Unterfangen zum Scheitern verurteilt. Auf
bereits Krankem lässt sich schwerlich
Gesundes errichten. Dies ist auch ein Grund
weshalb Tschikatilo später seinen Beruf als
Lehrer aufgeben muss: sexuelle Übergriffe auf
vor allem männliche Jugendliche und dadurch
resultierende Schikanen und Gewalttätigkeiten
derselben gegen den Lehrer. Er kann sich nicht

dagegen durchsetzen, wie schon als Kind; seine Schüler haben ihn in der Hand, erpressen ihn faktisch, schlagen ihn, schlagen jemanden, der nur nach Liebe sucht.

Doch kurz vor Weihnachten des Jahres 1978 soll endgültig mit diesen Demütigungen und Erniedrigungen Schluss sein, Schluss mit dem Versteckspielen seiner innersten geheimsten Wünsche und Neigungen, heute an diesem Tag kann er endlich das ausleben, was er schon immer sein wollte: Erhaben zu sein über Leben und Tod, sich einfach das nehmen was ihm sein Leben lang verborgen geblieben war, seine Kindheit zurückholen, dieses zarte Kind-sein dürfen und nicht alleine in den Wäldern seines Heimatdorfes Guerillaspiele zu praktizieren um dann später zu hören, dass sein Vater als Desserteur galt, nur weil er in deutsche Gefangenschaft geraten war. Eines kam zum anderen, eine Frustration ergab die nächste, eine Enttäuschung jagte die andere. Diese Welt war nicht gut, sie war nie gut zu Andrei Tschikatilo. Er hatte alles in seiner Macht stehende getan um *normal* zu werden. Hatte studiert, wollte seinen Schülern das Leben beibringen, beibringen etwas zu sein! Aber er konnte nicht mehr ankämpfen gegen diese maßlose Wut die sich in ihm gebildet hatte, die eigentlich schon seine ganze Persönlichkeit ausmachte, dieser Hass der sich gebildet hat und seine Seele zerfressen konnte. Es sollte alles wieder *normal* werden, sein unglaublicher Hass sollte umgekehrt werden, sollte zumindest für eine Zeit kompensiert werden, sollte einer Zufriedenheit Platz machen, die er sich insgeheim stets gewünscht hatte. Doch aufgrund seiner Gesamtkonstitution, seiner psychischen als auch physischen Verfassung konnte sein Gehirn nur das eine gedankliche Konstrukt bilden, diese **eine** neuronale Verknüpfung, **diese** Fähigkeit des Gehirns, zu kompensieren: Und sei es durch Mord.

Für seine Taten war Tschikatilo nicht verantwortlich zu machen. Statt seines Verstandes hatte dann letztendlich nur sein Wille die sozusagen cerebrale Befehlsgewalt übernommen. Da weder philosophisch noch wissenschaftlich bis zum heutigen Tage geklärt ist ob es einen freien Willen gibt oder nicht, gehe ich in diesem Fall davon aus, dass es **keinen** freien Willen gibt. Die finale Triebfeder für Tschikatilos Taten, der Auslöser (nicht zu verwechseln mit der Ursache) seines Tuns waren die vorgenannten Situationen und Umstände. Er hatte einen Tunnelblick bilden

**müssen** um seine verzerrte Sicht des Normalen zu kompensieren. Niemand weiß bis heute wie Bewusstsein, Emotionalität, Wille und Impulse entstehen oder wie sie miteinander kommunizieren. Es gibt Hinweise, Theorien der unterschiedlichsten Art, Meinungen: Geklärt ist nichts. Das ist momentan der wissenschaftliche Status quo. Alle anderen Verlautbarungen entsprechen nicht den bisherigen Erkenntnissen.

Da lesen sich dann die psychiatrischen Gutachten über Andrei Tschikatilo wie eine finstere Erzählung von einem Hexenprozess im Mittelalter.

**Weil** die Hexe rote Haare hatte und einen stechenden Blick stand sie mit dem Leibhaftigen in reger Beziehung und musste sterben. Und mit dem Willen des Landesfürsten und vor allem der klerikalen Gerichtsbarkeit und somit Gottes Willen und seinem Urteil wurden Morde begangen. **Weil** Andrei Tschikatilo zum Zeitpunkt seiner Taten **wußte** welchen Frevel er anrichtete und seine Taten plante und heimtückisch ausführte musste er sterben bzw. ermordet werden.

Man kann ein solches Todesurteil schon als Mord bezeichnen wie ich anfangs dargelegt habe. Der niedere Beweggrund der Rache bleibt auch bei staatlicher Inanspruchnahme und Handhabung nichts anderes als Mord.

Fast jeder Mensch mit einer auch schwersten geistigen Dysfunktionalität **weiß** was richtig und nicht richtig ist. Aufgrund meiner eigenen beruflichen Tätigkeiten kann ich dies hier so postulieren. Ich hatte im Laufe meines Berufslebens unzählige Situationen mit Menschen die schwerste geistige Handicaps aufwiesen und dennoch **wußten** dass es eigentlich falsch ist, jemanden z.b. zu schlagen. Sie taten es dennoch weil sie es **mussten.** In diesem einen Moment war nur der Impuls des Schlagens vorhanden. Sonst nichts. Es lag unbestritten eine **zwanghafte Situation** vor.

So auch bei Tschikatilo. Er musste töten. Gedanken an eventuelle Konsequenzen seines Tuns wurden in diesem Moment ausgeblendet. Nicht von ihm bewusst, sondern von seinem Zwang.

Deshalb können diese Phrasen von *bewusster* Durchführung und Planung einer Tat und alles was an sicherheitsrelevanten Maßnahmen der Täter *bedachte* nur als hilfloser Versuch gedeutet werden eine scheinbar unfassbare Handlung als rational initiiert darzustellen. Ich spreche hier nicht von klinisch-psycholo-

19

gischen Zwangsstörungen so wie sie in den einschlägigen Lehrbüchern der Psychiatrie oder Psychologie definiert werden und eher wenig aussagen. Das plumpe Einordnen von Erkrankungen und Störungen in Kategorien wie dem *ICD* [5]oder *MSN*[6] mag dem einfallslosen und kargen Denkschema der Medizin entsprechen; weit gekommen ist sie mit ihren Künsten damit bisher nicht. Bei Erkrankungen stellt sich nicht die Frage des Warum  Hier kann es keine Antwort geben weil es immer und immer wieder ein neues Warum geben wird. Beispiel:

*Warum bekomme ich einen Schnupfen ?*
*Lapidare Antwort der Medizin: Weil du eine geschwächte Immunabwehr hast !*
*Warum habe ich eine geschwächte Immunabwehr?*
*Weil du Stress hattest oder schlecht geschlafen hast! Warum hatte ich Stress oder einen schlechten Schlaf ?*
*Weil...und und und.*

Es würde nie aufhören dieses Spiel fortzusetzen. Aber noch besser wird es, wenn

5 ICD- *International Statistical Classification of Diseases and Related Health Problems*

6  MSN -    Diagnostic and Statistical Manual of Mental Disorders

wir das Ganze von der reinen medizinisch-
naturwissenschaftlichen Seite betrachten.

*Warum bekomme ich einen Schnupfen ?*

*Lapidare Antwort der Medizin: Weil du eine
geschwächte Immunabwehr hast !*

*Warum habe ich eine geschwächte
Immunabwehr ?*

*Weil du zu wenige Abwehrzellen hast?*

*Warum habe ich zu wenig Abwehrzellen?*

*Weil…. !*

Warum-Fragen implizieren für unsere doch
recht eingeschränkte und verzerrte Sicht der
Dinge eine ursächliche ( kausale ) Erklärung.
Da es aber keine objektive Welt gibt und somit
auch keine absolute Wahrheit ist dies alles nur
vom Beobachtenden und seiner gedanklichen
Zusammensetzung abhängig. **Wir** erschaffen
uns unsere eigene Wirklichkeit allein in
unserem Kopf.

*Alles Seiende auf chemische oder physikalische*
*Formeln bringen zu wollen ist immer ziemlich*
*aussichtslos. Das Lebendige mag sein was es will, es ist*
*aber auf keinen Fall linear. Es gibt kein*
*Berwertungskriterium oder Maßsystem, mit dem das*
*Unmeßbare im wirklichen Leben kommensurabel*
*gemacht werden könnte. Wir beschreiben nur unseren*
*Zwecken entsprechend, erklären aber nichts. Wo*
*scheinbar die größte Ordnung herrscht, sind Verwirrung*
*und Unklarheit schon vorprogrammiert. Die Logik*
*eignet sich nicht zur Beschreibung biologischer Muster.*
*Eine Belastung mit Qualitäten erschwert immer die*
*methodische Aufgabe. Statische Gesetze sind etwas*
*grundlegend anderes, als dynamisch-lebende*
*Strukturen. "Unauflösliche Unauflösliche Widersprüche*
*entstehen (erst), wenn man die Tatsache des Flußes im*
*Leben erklären will." Wie Leben entsteht, hat noch*
*niemand kausal erklären können. Wie das Ei den*
*Organismus formt, bleibt eine offene Frage. Was immer*
*wir messen ist nicht die lebende Wirklichkeit, sondern*
*ein Mechanismus, der auf seine technischen*
*Funktionsmöglichkeiten hin geprüft wird. Der*
*Organismus wird zur Maschine, die nach abstrakten*
*Prinzipien hin beurteilt wird.*

**Laurent Verycken, Formen der Wirklichkeit -**
**Auf den Spuren der Abstraktion, Penzberg, 1994**

Dadurch das wir die vermeintliche Wirklichkeit und Realität in unserem gedanklichen Kontext bilden und synthetisieren entsteht ein Bild; abhängig von vielen Einzelfaktoren (Kindheit, Eltern usw.) die das Ganze strukturieren und letztlich Form geben, entwickelt sich so eine andere Art der Sicht. Diese Sicht ist dann nicht mehr abhängig von Recht und Ordnung, sozialen Normen und Regeln, Werte wie Moral oder Sittlichkeit, Verwerflichkeit oder (dis) sozialem Verhalten: es obliegt ganz allein und ganz autark dem dann folgenden cerebralen (spirituellen) Entstehungsprozess. Dieser verläuft so individuell und subjektiv ohne das er auch nur im entferntesten erklärt werden könnte. Ohne jetzt philosophisch werden zu wollen oder gar metaphysische Einlassungen zu machen kann niemand letztendlich beantworten was normal ist.

In unseren sozialen und kulturellen Gefügen mag der Begriff der *sozialen Norm* eine hypothetische Antwort auf diese Frage sein. Allerdings ist diese eigentliche Erwartungshaltung der Gesellschaft (*der Mehrheit)* an den Einzelnen (*Du-Ich*) sein Handeln und Verhalten auf ein *normales* (statistisches) Niveau zu halten ein brutales und rücksichtsloses Prinzip dem Individuum gegenüber: Soziale Norm bedeutet dann in der letzten Konsequenz, sein eigenes „Selbstbild" (so es denn objektiv existieren mag!) hinten anzustellen, schmerzliche Kompromisse hinnehmen zu müssen und seine Individualität (Persönlichkeit) weitestgehend fremdbestimmt manipulieren zu lassen.

Garantiert diese „ *Norm*" das Fortbestehen der eigenen Kollektivität so garantiert sie im gleichen Atemzug evtl. verheerende Auswirkungen auf den Einzelnen bei Nicht-beachtung der Regeln. Augenscheinlich mag das beim „klassischen" Serienmörder der Fall sein. In einer angeblichen globalen und globalisierten Welt, in offenen Gesellschaften die Toleranz und Empathie dem Einzelnen suggerieren, die Freiheit und Gleichheit proklamieren werden diese Werte rasch zu einer Farce wenn jemand nicht das macht was die Mehrheit will.

Der französische Philosoph Claude Adrien Helvetius ( 1715-1771) formulierte es so „

*Das Glück des Menschen ist, dass zu lieben, was sie tun müssen. Auf diesem Prinzip ist die Gesellschaft nicht aufgebaut".*

Abweichungen von der Norm werden sanktioniert und im ärgsten Fall kriminalisiert. Wie sehr heute die Gesellschaft versucht den Menschen in die Norm zu pressen erkennt man auch an der zunehmenden Kriminalisierung von Taten, die früher allenfalls als grober Unfug gedeutet wurden. Dies mag auch zum Denken anregen. Das deviantes Verhalten und Kriminalität aber letztendlich ein individuelles Phänomen darstellen und erst dadurch zum „*Un-normalen*" deklariert werden, weil es statistisch so gewertet wird, ist somit von der absoluten Künstlichkeit dieser Normen auszugehen.

Alle folgenden sog. Sozial-ethischen, moralischen und insgesamte Werteordnungen sind demnach illusionär. Sie existieren nur in unseren Gedanken und weil es Menschen gibt. Im Natursystem lässt sich schwerlich derartiges ableiten oder gar als gegeben beweisen.

Da soziale Normen insbesondere das menschliche Denken und Verhalten implizieren, mag diese Aussage für unsere weiteren Belange ausreichend sein. Das abweichende Verhalten sollte ja eigentlich nach sozialpsychologischer Ansicht Anlass zu einem kritischen auseinandersetzen mit der

Situation geben: Doch allenfalls, wie schon erwähnt, wird etwas in statistischer Hinsicht „getan".

Über den Serienmord existieren unzählige Statistiken, Fallzahlen und Prozentangaben; Erklärungen und Begründungen sind spärlich gesät.

Ist der Serienmörder im günstigsten Fall hochgradig psychotisch oder schizophren sind einfache und lapidare Kommentare dazu simpel und einfach, um diese Tautologie hier einmal so zu benutzen.

Liegt keine evidente Bewußtseinstörung vor, war der Täter nach unseren Kriterien zum Zeitpunkt der Tat voll verantwortlich, ja dann kommt es zu höchsten Erklärungsnöten und Disharmonien in den psychologischen und auch juristischen Abteilungen. Dann wird zu der eigentümlichen und naiven Vorstellung eines „*Rechtsbewusstseins*" gegriffen. ***Wußte der Täter demnach was er tat oder nicht?***

Ebenso könnte man die alte Frage zu beantworten versuchen, ob zuerst das Ei oder die Henne da war?!

Primitiver geht es wirklich nicht mehr. Grob ausgedrückt gilt ein Täter (hier Serienmörder) als „*normal*" weil er „*wusste*" was er tat.

So einfach ist das. *Schuld* demnach bedeutet im juristischen Sinne

*"die Vorwerfbarkeit eines strafrechtlich relevanten Verhaltens. Vorwerfbarkeit bedeutet, dass der Täter rechtswidrig gehandelt hat, obwohl er nach seinen Fähigkeiten und unter den konkreten Umständen der Tat in der Lage war, sich von der im Tatbestand normierten Pflicht zu rechtmäßigem Verhalten leiten zu lassen".*

Daneben wird in den Paragraphen 20 und 21 des Strafgesetzbuches noch zwischen *Schuldunfähigkeit* wegen seelischer Störungen oder *verminderter Schuldfähigkeit* unterschieden. Schuldfähig wäre z.B. Ein Täter aufgrund einer schweren seelischen Störung, bei Störungen des Bewußtseins oder auch bei Konsum von Drogen oder Alkohol. Aber auch hier gilt zu beachten: Jeder noch so psychisch oder bewußtseinsgestörte Täter ist nicht so gestört als das er nicht *wüsste* dass er zu einem Messer oder Beil greift um seine Tat auszuführen. Er *"sieht"* eine wie auch immer geartete Waffe als eine solche an, ist also bei *"Bewusstsein"* und *"weiss"* wozu er sie benutzen will. Ich benutze hier zunächst ganz *"bewusst"* keine schwülstigen psychologischen Termini sondern versuche es einmal mit dem sog. *Gesunden Menschenverstand:* diese Perspektive wird meines

27

Erachtens nach bei allen Untersuchungen und Studien zum Thema Serienmord einfach nicht richtig eingesetzt; und nicht nur zum Phänomen des seriellen Tötens: In vielen Bereichen des Lebens und auch in den Wissenschaften würde ein wenig Augenmaß gepaart mit etwas Logik vieles anders erscheinen lassen. Jedes Kind mit wenigen Lebensjahren kann schon differenzieren zwischen „*gut*" und „*böse*", kann unterscheiden zwischen dem was ihm Behaglichkeit gibt und dem was ihm Unbehagen zufügt. Denn einzig und allein darum geht es im Leben. Jedes neugeborene Kind setzt diese „*Fähigkeit*" zum Leidwesen vieler nächtlich gestresster Eltern *gerne und oft* ein um sein „**normales**" Wohlbefinden zu erreichen.

Im Recht wird bei Tötungen im allgemeinen differenziert das man meinen könnte es ginge zu wie auf einem Basar. Da gibt es neben dem „*klassischen*" Mord und dem Totschlag ( Affekttötung) noch Körperverletzung mit Todesfolge, fahrlässige Tötung, Tötung auf Verlangen, Kindstötung, gezielte Tötung ( von Staatswegen ) usw.

Eigentümlicherweise aber werden bei diesen Tötungen Gemütszustände als

„*Rechtfertigung*" und zur motivationalen Erklärung eine sehr gedeihliche und überaus bequeme Basis bereitet. Denn ganz so plausibel und zugänglich erscheint mir die juristische und implizite psychologische Definition von Mord und Totschlag nicht. Ob nun ein Mensch „*heimtückisch*" und mit „*Vorsatz*" getötet wird und die sogenannten Mordmerkmale aufweist, oder ein Mensch durch einen „*Totschlag*" mit hier mildernden Aspekten ums Leben gebracht wird ist bei genauerem hinsehen sekundär. Bei beiden Geschehnissen sind emotionale bzw. non-emotionale Zustände im Spiel. Ist Wut, Hass oder Abscheu ein „*höherer*" Beweggrund als „*Heimtücke*"? Ist der Totschläger normativ akzeptabler nur weil er aus einem Affekt heraus getötet hat und der Mörder weniger, weil dieser aus einer anders gearteten emotionalen Situation getötet hat?
Beim Hass, diesem intensiven, die Wut übersteigenden Gefühl, kommt es zu einer extremen und exorbitanten Abneigung gegen z.B. Personen. Kausal wird hier in der Psychologie eine tiefgehende seelische Traumatisierung vermutet, die schließlich in einer tiefen und später auch irreversiblen Schädigung des *Selbstwertgefühls* mündet.

Das *Selbstwertgefühl*, auch *Selbstachtung* oder *Selbstvertrauen* genannt, ist ein grundlegendes Gefühl, dass aber wiederum kein Gefühl sein soll, sondern von Psychologen gerne im Affekt-Bereich gesehen wird. Nach dem Motto Paprika ist ein Nachtschattengewächs aus dem schließlich Roter Pfeffer gemacht wird, jongliert man hier mit Begriffen und Zuständen je nach Laune und Kompatibilität das Äpfel glatt zu Birnen werden können. Gefühl ist Gefühl, ob als Affekt bezeichnet oder Emotion. Semantische Kniffligkeiten bringen hier keine Klarheit. Die Psychologie, die Wissenschaft vom menschlichen Erleben und Verhalten, die den Begriff der *Seele* nicht definieren kann oder auch will und von dem Philosophen Immanuel Kant zu einer reinen „*Naturbeobachtung*" degradiert wurde, sollte sich ihre Terminologie gründlichst überlegen und weniger differenzieren. Dann könnte man vielleicht erschließen, das Geist und Seele praktisch das Gleiche sind. Dass das Ich, dass Mein oder das Selbst aus dem selben geistigen Potenzial generiert wird, dürfte mittlerweile nicht nur neurowissenschaftlich, trotz aller Querelen, bekannt sein. Beschämenderweise ist diese, ich nenne es einmal Erkenntnis, schon seit über 2500 Jahren gesichertes und stets verifizierbares Wissen von Buddhisten. Unsere Psychologie jedoch streitet sich bis heute darüber, ob denn nun ein Affekt genetisch bedingt sei, oder doch eher erlernt ist. Sollte hier einmal eine konkrete Aussage erfolgen, wissen wir dann auch vielleicht die Antwort auf die Frage, ob eher das Huhn oder das Ei da war.

Abstruser-weise spricht die Jurisdiktion beim Hass von einem *niederen* Beweggrund. Wie aber kann sie hier eine Abstufung vornehmen wenn auch die „*höheren*" Werte wie Moral, Ethik oder Humanität ein und derselben Quelle entspringen? Denn dann ist es nur eine Sache der Bewertung, eine perspektivische Angelegenheit, eine subjektive Auslegung. Gleichwohl gibt es bis heute auch keine wissenschaftlichen Erkenntnisse darüber, das z.B. Moral von Geburt an angelegt ist. Als Konklusion bliebe dann nur noch das Fazit das diese Werte allenfalls den Charakter artifizieller Rudimente aufweisen, absolut unphysiologisch und in der lebendigen Natur nicht nachweisbar sind. Ein Dilemma. Was einst unsere Vorfahren zum Überleben brauchten, gerade nämlich Emotionen oder Affekte, wird heute ersetzt durch Moral und Ethik, wird ersetzt durch Norm und Gesetz.

Der Sieg des Normativen über das Physiologische. Die unabdingbaren Urinstinkte von einst wurden sozialisiert mit dem Ergebnis inhaltloser, formloser Gesellschaften. Internet, Smartphone und zunehmende Digitalisierung tragen zu einer zunehmenden „Verblödung" bei, um diesen Begriff hier einmal zu verwenden.

*Denn obwohl wir mit einer Hand das Ich
kultivieren, drücken wir es mit der anderen
Hand zu Boden.
Von Generation zu Generation treiben wir
unseren Kindern "dummes Zeug" aus und
lehren sie zu sehen wo "ihr Platz" ist, und wie
man als kleines Ich unter vielen anderen sich
mit der angemessenen Bescheidenheit        zu
verhalten,  wie man zu denken und zu
fühlen hat*

**Allan Watts** *( engl. Philosoph und Schriftsteller )*

Soweit nun einige Ausführungen und Überlegungen zum *Normalen* im speziellen und die damit verbundenen Auswirkungen. Es gibt nichts normales, richtiges oder falsches. Stets ist dies in seinem ganz konkreten Kontext zu sehen und ganz besonders im sozial-kulturellen Bereich. Als *artifizielles transformierbares Produkt* ist das *Normale* für Gemeinschaften jeglicher Ausprägung (Familie-Gruppe-Gesellschaft) unabdinglich für ihr Fortbestehen und von vitaler Bedeutung. Selbstverständlich. Und ebenso selbstverständlich kann es an dieser Schnittstelle nur zu Ungleichgewichten und entsprechenden Problemen kommen. Die Physis, die lebendige Wirklichkeit, die Natur, kennt nichts normales im menschlichen Sinne. Dies ist eine von uns geschaffene illusionäre vermeintliche Realität.

Mehr kann man darin nicht sehen. Es ist keine Rechtfertigung für die Taten eines A.R.Tschikatilo; es kann aber ein Ansatz sein hinter statistischen Größen und Fakten Menschen zu sehen.

Ich möchte hier keinen Kulturpessimismus betreiben, aber die Geschichte der Menschheit und somit auch ihre kulturellen Errungenschaften, auch in der geistigen

Lebensäußerung, zeugen schon von einer erschreckenden Proportionalität zur Verdummung. Mag schon nicht von akademischer Seite das Böse im Serienmörder erklärt werden können, so verwundert das kaum. Starres wissenschaftliches Dogma und standardisierte Methoden können zu keinem Erfolg führen. Auch nicht ansatzweise. Aber schon fast hilflos und naiv muten die Methoden der Neurowissenschaften an die den Serienmörder als Opfer seiner organischen (hier) Hirnorganischen Struktur auffassen wollen.

Nachfolgend eine chronologische Übersicht der von Tschikatilo begangenen Tötungen. Die an den Opfern verübten Grausamkeiten reichten von abbeissen der Zungen, abgerissenen Hoden, abgebissene Brustwarzen bei Frauen, herausgerissene Gebärmuttern. Bei fast allen  Opfern wurden von Tchikatilo die Augen ausgestochen. In der Wahl seiner Tötungsmethoden hatte der Mörder keinen einheitlichen Modus operandi. Er erstach, erschlug oder erdrosselte seine Opfer.

## 1978

- 22. Dezember: Nachdem ihn einige
Schüler offen misshandelt, getreten und
geschlagen hatten, ging Tschikatilo in
ein Kaufhaus und kaufte sich ein
Klappmesser – seine erste Mordwaffe.
Er selbst gab an, er brauche es zur
Selbstverteidigung. Die Schüler
konnten den schwächlichen Tschikatilo
ungehindert misshandeln und
verhöhnen, da dieser sich erpressbar
gemacht hatte, weil er nachts in den
Schlafsaal der Schüler eingedrungen
und einem Jungen gegenüber
zudringlich geworden war. Er nahm
sich vor zu trinken, sich mit einer Frau
zu vergnügen und so seinen Ärger
abzureagieren. Er kaufte Alkohol und
machte sich auf den Weg in seine
Datscha. Auf dem Weg dahin traf er die
neun Jahre alte Elena Sakotnowa. Er
sprach Elena an und lockte das
Mädchen in seine Laube, wo er ihr die
Kleidung herunterriss, sich an dem

Mädchen verging und es anschließend durch mehrere Messerstiche in den Unterleib tötete. Anschließend kleidete er das Kind wieder an und warf es in einen nahegelegenen Fluss. Für den Mord an Elena Sakotnowa wurde Tschikatilo zwar mehrmals verhört, jedoch nicht dafür angeklagt. Stattdessen wurde der vorbestrafte Besitzer von Tschikatilos Datscha dafür verurteilt und 1983 wegen Mordes hingerichtet.

**1981**

- 3. September: Tschikatilo traf sein Opfer, die 17-jährige Larisa Tkatschenko an einer Bushaltestelle vor der Bibliothek in Rostow und tötete sie in einem nahe gelegenen verlassenen Waldstück. Sie wurde am 4. September am Ufer des Don gefunden.

- 6. Juni: Sein nächstes Opfer war die 13-jährige Ljuba Birjuk (Die Leiche wurde am 27. Juni auf einem Waldweg im Rostower Umland gefunden).

- 25. Juli: Ljuba Wolobujewa tötete er während einer Reise nach Krasnodar (Die Leiche wurde am 7. August gefunden).

- 13. August: Tschikatilo tötete den neunjährigen Oleg Poschidjew (sein Leichnam wurde bis heute nicht gefunden).

- 16. August: An jenem Tag wurde die 16-jährige Olga Kuprina ermordet (Die Leiche wurde am 27. Oktober entdeckt).

- 8. September: Er ermordete die 19-jährige Ira Krarabelnikowa (Die Leiche wurde am 20. September auf dem Land in der Nähe von Schachty gefunden).

- 15. September: Tschikatilo tötete den 15-jährigen Sergej Kusmin (Die Leiche wurde am 12. Januar 1983 gefunden).
- 11. Dezember: Er tötete die zehnjährige Olja Stalmatschenok in Nowotscherkassk (ihre Überreste wurden fünf Monate nach der Tat, am 11. April 1983 gefunden).

**1983**

- Zwischen dem 15. und 20. Juni ermordete Tschikatilo die 15-jährige Laura Sarkisjan (man fand ihre Leiche bis zum heutigen Tag nicht).

- Im Juli tötete er 2 weitere Menschen, an die genauen Daten konnte sich Tschikatilo jedoch nicht mehr erinnern.

Zuerst starb die 13-jährige Ira Dunenkowa, deren ältere Schwester Tschikatilos kurzzeitige Geliebte war (man fand sie in der Nähe des Flughafens Rostow im Park des Fliegers am 8. August).

Später tötete er auch die 24-jährige Ljuda Kutsjuba (ihre sterblichen

Überreste fand man am 12. März 1984 außerhalb von Schachty).

- 8. August: Sein nächstes Opfer war der siebenjährige Igor Gudkow (die Leiche wurde 20 Tage später ebenfalls im Park des Fliegers in Rostow entdeckt).

- 19. September: Er tötete die 22-jährige Walja Tschutschulina (ihre Überreste fand man am 27. November außerhalb von Schachty).

- Sommer/Herbst: Tschikatilo ermordet eine 18- bis 25-jährige Frau, deren Identität nie eindeutig geklärt werden konnte (ihre Leiche fand man im Oktober in der Nähe von Nowotscherkassk).
- 27. Oktober: In einer Bergbaustadt nahe Schachty brachte er Vera Shevkun (19) um. Die Leiche wurde am 30. Oktober gefunden.
- 27. Dezember: Auf seinem Heimweg verschwand Sergei Markov (14). Sein toter Körper wurde am 4. Januar 1984 gefunden.

**1984**

- 9. Januar: Die 17-jährige Natalja Schalapinina wurde ermordet (Fund der Leiche am 10. Januar im Park des Fliegers in Rostow).

- 21. Februar: Marta Rjabjenko wurde in Schachty ermordet und am selben Tag gefunden.

- 24. März: Dima Ptaschnikow (13) wurde ermordet (Die Leiche wurde am 27. März in dem Nowoschachtinsker Vorort Atx gefunden).

- 25. Mai: Tschikatilo brachte zwei Menschen an einem Tag um, Tanja Petosjan (32 Jahre alt, gefunden am 27. Juni) und ihre elfjährige Tochter Sweta (gefunden am 5. Juni).

- Juni/Juli: Jelena Bakulina (27) wurde ermordet – das genaue Todesdatum lässt sich nicht feststellen.

- 10. Juli: Der 13-jährige Dima Illarionow wurde in Rostow getötet (am 12. August gefunden).

- 19. Juli: Anna Lemeschewa (19) wurde ermordet (6 Tage später in der Nähe von Schachty gefunden).

- Ende Juli: Tschikatilo ermordete die 20-jährige Swetlana Tschana.

- 2. August: Die 16-jährige Natascha Golosowskaja wurde im Park des Fliegers in Rostow ermordet.

- 7. August: Die 17-jährige Ljudmila Aleksejewa wurde umgebracht (Fundort der Leiche am 10. August am linken Ufer des Don).

- 8.-11. August: Auf Geschäftsreise in Usbekistan ermordete Tschikatilo eine unbekannte Frau.

- 13. August: Immer noch in Usbekistan tötet er die 12-jährige Akmarala Sejdaliewa.

- 28. August: Nachdem er zurück zu Hause war, tötete er Alexander Tschepel (11). Der Tatort lag nahe dem des Aleksejewa-Mordes drei Wochen zuvor.

- 6. September: Die 24-jährige Irina Lutschinskaja wurde im Park des Fliegers in Rostow ermordet (Leichenfund einen Tag später).

## 1985

Am 13. September 1984 wurde Tschikatilo von einem Zivilpolizisten beobachtet, wie er an einer Bushaltestelle versuchte, junge Frauen wegzulocken. Er wurde verhaftet, es konnte ihm die Mordserie aber nicht nachgewiesen werden. Stattdessen wurde er wegen Diebstahls bei seinem Arbeitgeber zu einem Jahr verurteilt, aber bereits nach drei Monaten, am 12. Dezember 1984 wieder entlassen. Er nahm eine neue Arbeit in Nowotscherkassk an und hielt sich von nun an mit weiteren Taten zurück. 1985 gab es zwei nachgewiesene Taten, 1986 gar keine.

- 31. Juli: Natalja Pokhlistova (18) wurde aus einem Zug nahe dem Flughafen Moskau-Domodedowo gelockt. Ihre Leiche fand man am 3. August.

- 27. August: In einer Baumgruppe nahe einer Bushaltestelle in Schachty wurde Irina Guljaewa (18) umgebracht. Am folgenden Tag fand man ihren toten Körper.

**1987**

- 16. Mai: Oleg Makarenkow (13) wurde in Swerdlowsk in der heutigen Ukraine Opfer von Tschikatilo. Dieser führte die Ermittler nach seiner Festnahme zu den sterblichen Überresten des Jungen.
- 29. Juli: Während einer Geschäftsreise tötete er Iwan Bilowetschki (12) in Saporischschja. Die Leiche wurde am folgenden Tag gefunden.
- 15. September: In der Oblast Leningrad wurde Juri Tereschonok (16) aus einem Zug gelockt. Auch sein Körper konnte erst durch Tschikatilo nach dessen Festnahme gefunden werden.

**1988**

- 1.-4. April: Nahe dem Bahnhof von Krasny Sulin wurde eine unbekannte Frau umgebracht, deren Leiche am 6. April gefunden wird. Ihr Alter wurde auf 18-25 geschätzt.
- 15. Mai: Der 9-jährige Aleksei Woronko wurde in der Nähe des

Bahnhofes von Ilowajsk (heutige Ukraine) getötet.

- 14. Juli: Erstmals seit 1985 gab es wieder ein Opfer im Umkreis von Rostow. Die Leiche von Jewgeni Muratow (15) wurde neun Monate später, am 10. April 1989 gefunden.

**1989**

- 8. März: Die 16-jährige Ausreißerin Tatjana Ruzhova aus Krasny Sulin wurde in der Wohnung von Tschikatilos eigener Tochter ermordet.

- 11. Mai: Einen Tag nach seinem achten Geburtstag wurde Alexander Dyakonov im Stadtzentrum von Rostow ermordet. Seine Leiche wurde am 14. Juli gefunden.

- 20. Juni: Östlich von Moskau, in der Oblast Wladimir, wurde Aleksei Moiseew (10) umgebracht. Tschikatilo gab diesen Mord später zu.

- 19. August: Die ungarische Studentin Elena Warga (19), die zu diesem Zeitpunkt bereits Mutter war, wurde aus einem Bus gelockt und in einem Dorf nahe Rostow getötet.

- 28. August: Aleksei Khobotow (10) wurde außerhalb eines Theaters in Schachty letztmals gesehen. Tschikatilo führte die Polizei später zu seinen Überresten.
-
- 1990
- 14. Januar: Andrei Krawtschenko (11) wurde aus einem Kino gelockt und in Schachty ermordet. Seine Leiche wurde am 19. Februar gefunden.
- 7. März: Der junge Jaroslow Makarow (10) wird vom Rostower Bahnhof weggelockt und im örtlichen Botanischen Garten umgebracht.
- 4. April: Von einem Bahnhof nahe Schachty wurde Ljubow Zujewa (31) weggelockt. Ihre sterblichen Überreste wurden am 24. August gefunden.
- 28. Juli: Wenige Meter von der Stelle im Botanischen Garten von Rostow entfernt, an der bereits im März Jaroslow Makarow getötet worden war, starb nun auch Wiktor Petrow (13).

- 14. August: Am Strand von Noerkassk wotschwurde Iwan Fomin (11) ermordet. Seine Leiche wurde drei Tage später gefunden.
- 16. Oktober: Wadim Gromow (16) kam aus Schachty und verschwand während einer Zugfahrt nach Taganrog.
- 30. Oktober: Sein vorletztes Opfer Viktor Tischenko (16) tötete Tschikatilo in Schachty nahe einem kleinen Bahnhof. Während des Kampfes biss Tischenko Tschikatilo in den Finger. Diese Verletzung konnte nach der Festnahme festgestellt und zugeordnet werden.
- 6. November: Swetlana Korostik (22) war das letzte Opfer der Mordserie. Ihre Leiche wurde am 13. November in einem Waldgebiet nahe einem Bahnhof gefunden.

Es wird behauptet das die kannibalischen Tendenzen wohl durch den wenige Jahre zuvor wütenden Holodomor in der damaligen Sowjetunion in Tschikatilo ausgelöst wurden. Was genau unter diesem Holodomor zu verstehen ist, entnehmen Sie bitte dem nachfolgenden Artikel, der diesen Zeitraum sehr detailliert darstellt und beschreibt.

## Gerhard Simon

*Referat bei der Tagung „Holodomor 1932-33.*
*Politik der Vernichtung".*
*Mannheim 24. November 2007*

*In den Jahren 1932/33 ereignete sich in der*
*Sowjetunion eine der größten humanitären*
*Katastrophen des 20.Jahrhunderts. Sechs bis*
*sieben Millionen Menschen wurden Opfer*
*einer Hungersnot, über die damals so gut wie*
*nichts an die Öffentlichkeit drang. In der*
*Sowjetunion wurde die Große Hungersnot mit*
*einem Tabu belegt. Erst 50 Jahre später*
*begann eine größere Öffentlichkeit – zunächst*
*in Nordamerika und dann auch in der*
*auseinander brechenden Sowjetunion –*
*Details zu erfahren und Anteil zu nehmen.*
*Inzwischen ist der Holodomor zu einem*
*zentralen Aspekt der Erinnerungskultur in der*
*Ukraine, nicht jedoch in Russland oder*
*Kasachstan geworden. Die Erinnerung an die*
*Millionen Verhungerten steht in der Ukraine*
*im Zeichen der Distanzierung von der*
*kommunistischen Vergangenheit, und sie dient*

*zugleich der Konsolidierung der Nation im neuen demokratischen Staatswesen. Auch in Russland ist die Hungersnot kein Tabu mehr, aber zu einem breiten Gedächtnis an die Opfer ist es bis heute nicht gekommen. Die Hungersnot forderte besonders viele Opfer in der Ukraine: nach den Ergebnissen der neueren Forschung 3,5 Millionen Menschen, bei einer Einwohnerzahl von 29 Millionen (1926) waren das mehr als 10% der Bevölkerung. Die Opfer verteilen sich ganz ungleichmäßig über das Land. Am stärksten betroffen waren die damaligen Gebiete Kiew und Charkiv sowie die damalige Autonome Republik Moldova im Bestand der UkrSSR, weniger Hungertote waren im Donbas zu beklagen. Dabei weichen die heutigen administrativen Grenzen erheblich von den damaligen ab. Allerdings weist die Statistik in allen Gebieten der Ukraine für das Jahr 1933 deutlich höhere Sterbeziffern aus als in den Jahren davor und danach. Opfer des Hungers gab es also im ganzen Land; die Menschen verhungerten fast ausschließlich in den Dörfern. In den Städten herrschte zwar auch äußerster Mangel an Nahrungsmitteln, aber der Schwerpunkt des Hungers waren gerade die Getreide produzierenden Regionen. Ganze Dörfer starben aus. Ungefähr 80% der Verhungerten in der Ukraine waren ethnische Ukrainer, denn die ländliche Bevölkerung bestand ganz überwiegend aus ethnischen Ukrainern. Die restlichen 20% der Opfer in der Ukraine verteilten sich auf polnische, moldauische, russische und deutsche Landbewohner. In der westlichen Ukraine, die damals zu Polen, bzw. Rumänien und der Tschechoslowakei gehörte, gab es keine Hungersnot.*

*Auch außerhalb der Ukraine wütete der Hunger in der Sowjetunion. Am stärksten betroffen waren der Nordkaukasus und hier besonders der Kuban', wo die Bevölkerungsmehrheit aus Ukrainern und ukrainischen Kosaken bestand, sowie die Regionen Mittlere und Untere Wolga, einschließlich der Autonomen Republik der Wolgadeutschen. Die höchste Zahl der Opfer – gemessen an der Bevölkerungszahl – war in den Steppenregionen Kasachstans zu beklagen. Hier starben die kasachischen Nomaden infolge der zwangsweisen Sesshaftmachung.*

*Insgesamt starben – wie gesagt - nach Berechnungen von Fachleuten sechs bis sieben Millionen Menschen, davon 3,5 Millionen in der Ukraine, 2 Millionen in Kasachstan, weitere Hunderttausende im Nordkaukasus, an der Wolga und in Westsibirien. Die genaue Zahl der Opfer wird sich niemals ermitteln lassen, weil standesamtliche Einträge nur unvollständig geführt wurden und die Behörden von Anfang an angewiesen wurden, die Hungeropfer nicht zu dokumentieren. Sogar die Ergebnisse der Volkszählung von 1937 wurden zum Staatsgeheimnis erklärt, und die leitenden Mitarbeiter der Volkszählung verschwanden als Saboteure und Volksfeinde im Gulag. Erst nach dem Ende des Sowjetsystems wurden die Ergebnisse der Volkszählung von 1937 zugänglich; der Vergleich der Ergebnisse der Volkszählung von 1926 und 1937 stellt eine wichtige Quelle für die Berechnung der Opferzahlen dar. In vielen* ländlichen Regionen der Ukraine kam es schon in der ersten Jahreshälfte 1932 zu einer ersten Hungerkatastrophe. Die Zahl der Hungeropfer in diesem ersten Hungerjahr, das auf eine schlechte Getreideernte 1931 folgte, wird auf 144.000 geschätzt. Schlimmeres stand bevor. Nach einer zweiten unterdurchschnittlichen Getreideernte in der Ukraine 1932 verhungerten die Bauern seit dem Spätherbst 1932; die Katastrophe des Holodomor erreichte im Juni 1933 ihren Höhepunkt, im September 1933 mit der neuen Ernte war das Hungersterben vorbei. Wie konnte es ausgerechnet in der Ukraine - der Kornkammer Europas – zu einer Hungersnot in den Dörfern kommen? Die erst vor kurzem in die Kolchosen gezwungenen Bauern und die noch verbliebenen Einzelbauern wurden mit einem unerfüllbar hohen Ablieferungssoll belastet. Wenn die Kolchosen und Einzelbauern das ihnen auferlegte Ablieferungssoll nicht aufbrachten, erschienen bewaffnete Requirierungskommandos und nahmen den Bauern die Getreideernte weg. So starben viele Landbewohner im Spätwinter *und im Frühjahr, wenn alle anderen Nahrungsmittel aufgebraucht und auch das zuvor geschlachtete Vieh verzehrt war. Die zwangsweise Kollektivierung hatte überall zum Rückgang der Arbeitsproduktivität auf dem Land geführt. Die Bauern arbeiteten lustlos und schlecht auf den Kolchosfeldern. Auch das war eine Grund für schlechte Ernteergebnisse. Nach der bolschewistischen revolutionären Logik waren die Bauern grundsätzlich Menschen zweiter Klasse. Im Zuge der Industrialisierung war ihnen die Rolle zugewiesen worden, die Städte und die entstehenden Industrieereviere zu ernähren. Wenn sie das nicht freiwillig taten - so die bolschewistische Parteilinie - mussten sie dazu durch Requirierung der Ernte gezwungen werden. Die Stalin-Führung nahm billigend in Kauf, dass ein Teil der Bauern verhungerte. Ja, mehr noch, die Parteiführer bestätigten sich in ihrer Korrespondenz, wie nützlich der Hunger war, um die Bauern zur ehrlichen Arbeit in den Kolchosen zu zwingen. Die Hungersnot wurde von der bolschewistischen Führung als ein probates Mittel der Erziehung* und Disziplinierung der Landbevölkerung betrachtet. Der ukrainische Parteichef Stanislav Kosior schrieb am 15. März 1933 an Stalin, dass der Hunger „eine gewisse Wende bei der Masse der Kolchosbauern" bewirkt habe. „Allerdings verstehen das bei weitem noch nicht alle Kolchosbauern. Sehr viele Kolchosbauern sind aus dem Hunger noch nicht schlau geworden, dies zeigt sich bei der mangelhaften Vorbereitung der Aussaat gerade in den Rayons, die besonders schlecht dran sind." (OE 12, 2004, S. 66) Die offizielle Propagandaversion lautete, die Bauern arbeiteten schlecht auf den Feldern der Kolchosen, sie würden das geerntete Getreide stehlen und verstecken, um es dann zu höheren Preisen illegal zu verkaufen. Deshalb wurden Requirierungskommandos in die Dörfer geschickt, um das Getreide zu konfiszieren. Dabei gingen die Requirierungskommandos in jedem Jahr mit größerer Brutalität vor. In der Propaganda wurde die Legende von den „unterirdischen Verstecken" verbreitet, wo die Bauern angeblich die Ernte horteten. Mit diesen Lügen ausgestattet erschienen

Arbeiteraktivisten unter Führung der Mitarbeiter der politischen Polizei OGPU in den Dörfern und durchsuchten Bauernhütten und Höfe. Wenn sie etwas fanden, wurden die Besitzer vor Schnellgerichte gestellt und wegen Diebstahl von Kolchoseigentum zu zehn Jahren Haft oder in schweren Fällen zum Tode durch Erschießen verurteilt (Verordnung vom 7. August 1932). Tatsächlich stellte sich heraus, dass es keine illegal angelegten großen Getreidevorräte gab, sondern allenfalls hatten die Bauern Nahrungsmittel versteckt, um zu überleben. Als auch die konfisziert worden war, starben sie den Hungertod. Das erklärte die ukrainische Zeitschrift „Kolchosaktivist" so: Die „jämmerlichen Heuler" seien so weit heruntergekommen, „dass sie zusammen mit ihren Angehörigen absichtlich verhungern, obwohl sie Korn haben – nur, um Unzufriedenheit bei anderen Kolchosbauern zu provozieren" (Kopelew, S. 360). Die Behauptung, dass Bauern absichtlich verhungern, scheint eine kaum noch zu überbietende Perversion der Wahrnehmung zu sein. Es zeigt die ganze *revolutionär-ideologische Verbohrtheit und Entmenschlichung, dass Lev Kopelev und seine Genossen, die zur Zwangsrequirierung in die ukrainischen Dörfer geschickt worden waren, diese Propaganda glaubten, wie er selbst voller Reue in seinen Memoiren bekennt. War die Hungersnot abwendbar? Sie war eine Konsequenz der Revolutionierung aller Verhältnisse auf dem Dorf und eine Front im „Krieg" gegen die Bauern, wie Stalin selbst das nannte. Durch die Zwangskollektivierung verloren die Bauern besonders in der Ukraine ihre bisherigen Lebensgrundlagen. In der Ukraine hatte es zuvor kein bäuerliches Gemeineigentum (Mir oder Obš?ina) gegeben wie in Russland. Aufgrund der Zwangskollektivierung gingen die Ernteerträge zurück, was die bolschewistische Führung durch Hochrechnung der Statistik verschleierte. Schlechte Wetterbedingungen 1932 kamen hinzu, so dass nicht ausreichend Getreide zur Verfügung stand. Angesichts dieser Lage war die bolschewistische Führung entschlossen, das Getreide auf dem Dorf zu konfiszieren, um die Städter mit Brot zu versorgen, und die Bauern hungern zu lassen. Dies entsprach der Logik des Klassenkampfes und war zugleich ein Instrument, um die Bauern wegen ihres Widerstands gegen die Kollektivierung nachträglich zu bestrafen und für die Zukunft zu disziplinieren.*

*So führte die Stalin-Führung durch ihren rücksichtslosen Krieg gegen die Bauern die Hungersnot fahrlässig herbei. Als sich dann seit Herbst 1932 das ganze Ausmaß der Katastrophe abzeichnete, leitete die Führung nicht nur keine Hilfsmaßnahmen ein, sondern verschärfte durch gezielte Aktionen die Katastrophe und ist deshalb direkt für den Tod von Millionen verantwortlich, der trotz der knappen Getreideernte nicht zwangsläufig war. Die Hungersituation wurde geleugnet und damit jede Hilfsmaßnahme im In- und Ausland unterbunden. Als dennoch Nachrichten über den Hunger nach Westeuropa und Nordamerika durchsickerten, wurden Sowjetdiplomatie und Propaganda angewiesen, dies als antisowjetische Hetze zurückzuweisen und sich jede Unterstützung für das hungernde sowjetische Dorf zu verbitten. Zugleich wurde der Export von Getreide aus der Sowjetunion, wenn auch in reduziertem Umfang fortgesetzt. 1931 hatte die Sowjetunion 5,2 Millionen Tonnen Getreide exportiert und im Hungerjahr 1933 waren es noch immer 1,7 Millionen Tonnen. Dafür kaufte die Sowjetmacht Maschinen und Industrieausrüstungen im Westen. Außerdem wurden auch in den Hungerjahren 1932 und 1933 staatliche Getreidevorräte in den Silos – obwohl in reduziertem Umfang - angelegt. Nach Berechnungen von Michael Ellman von der Amsterdam School of Economics, einem der führenden Experten zur Großen Hungersnot, hätte allein das exportierte Getreide ausgereicht, um 1,5 Millionen Menschen ein Jahr lang zu ernähren. Hätte die Stalin-Führung nationale und internationale Hilfsmaßnahmen zugelassen und den Getreideexport eingestellt, wäre es möglich gewesen, die gesamte Bevölkerung trotz der schlechten Ernteergebnisse zu ernähren, „wenn – so fügt Ellman hinzu - die Ernährung der gesamten Bevölkerung Stalins oberste*

*Priorität gewesen wäre". (Stalin, S. 679) Eben das war sie nicht. Bisher war von der Hungersnot in den Getreide produzierenden Regionen der der Sowjetunion allgemein die Rede. Für die Ukraine und den mehrheitlich von Ukrainern bewohnten Kuban' kamen nun weitere Verschärfungen hinzu, die den Hunger erst zum Holodomor,*

*d. h. zum Terror durch Hunger, und zum Genozid machten. Durch Beschluss des ukrainischen ZK vom 18. November 1932, den der von Stalin nach Char'kiv entsandte Molotov diktierte, wurden für die Bauern, die mit der Getreideablieferung im Rückstand waren, so genannte Naturalienstrafen eingeführt. „Es wird ein zusätzliches Fleischablieferungssoll in Höhe des 15fachen Satzes der Monatsnorm dieser Kolchose sowohl vom gemeinschaftlichen als auch vom individuellen Viehbestand der Kolchosbauern festgesetzt". In der Praxis führten die Naturalienstrafen dazu, dass die Requirierungskommandos sämtliche Nahrungsmittel in den Dörfern konfiszierten, einschließlich Rüben, Zwiebeln, getrockneten Pilze und Trockenobst. Sie lieferten damit die Bauern dem sicheren Hungertod aus.*

*Anwendung fanden diese Naturalienstrafen gegen etwa 90% der Kolchosen in der Ukraine, nur etwa 10% hatten ihr Getreideablieferungssoll erfüllt. Außerdem wurden mit diesem Beschluss des ZK der KP(b)U so genannte Schwarze Listen eingeführt. Für die Dörfer auf den Schwarzen Listen bedeutete das „die sofortige Einstellung der Lieferung von Waren, die vollständige Einstellung des kooperativen und staatlichen Handels und das Fortschaffen aller vorhandenen Waren aus den Koop-Läden". Damit wurde über viele Dörfer eine vollständige Blockade verhängt wie in einem Krieg, um die Bevölkerung auszuhungern.*

*Die Menschen nutzten seit alters die Möglichkeit, in Hungerjahren ihre Heimat zu verlassen und in zum Teil entfernten Gegenden auf Hamsterfahrten zu gehen. Auch im Winter 1932/33 suchten Hunderttausende insbesondere in Weißrussland und den angrenzenden Gebieten der RSFSR nach*

*Nahrungsmitteln. Durch eine geheime*
*Direktive vom 22. Januar 1933 – unterzeichnet*
*von Stalin und Molotov – wurden die Ukraine*
*und der Nordkaukasus von einander und von*
*der übrigen Sowjetunion abgeriegelt.*
*Hunderttausende wurden zwangsweise in ihre*
*Dörfer zurückgeschickt. Der Verkauf von*
*Eisenbahnfahrkarten in der Ukraine wurde*
*zeitweise eingestellt. Alle diese genannten*
*Maßnahmen galten nur für die Ukraine und*
*den Nordkaukasus, nicht aber für die*
*Hungergebiete an der Wolga und in Sibirien.*
*Wie lässt sich erklären, dass die Stalin-*
*Führung mit gezielten Aktionen die*
*Hungersnot in der Ukraine verschärfte und*
*damit Millionen Menschen eben hier dem*
*Hungertod auslieferte? Spätestens seit dem*
*Sommer 1932 war Stalin zu der Überzeugung*
*gekommen, dass der ukrainische*
*Nationalismus Schuld an der unzureichenden*
*Getreideaufbringung war, dass die Ukrainer*
*also gezielt Widerstand gegen die*
*Zentralmacht leisteten und dafür ein für*
*allemal bestraft werden müssten. Am 11.*
*August 1932 schrieb Stalin an Kaganovi?,*

*dass sich zahlreiche Rayonparteikomitees in
der Ukraine gegen den Plan der
Getreideablieferung ausgesprochen hätten und
der Grund dafür sei, dass es in der KP der
Ukraine zahlreiche „verrottete Elemente gibt,
bewusste und unbewusste Anhänger von
Petljura", dem nationalen Führer aus der
Bürgerkriegszeit, die nur darauf warteten,
gegen Moskau loszuschlagen. „Wenn wir uns
jetzt nicht daran machen, die Lage in der
Ukraine in Ordnung zu bringen, dann können
wir die Ukraine verlieren". „In Ordnung
gebracht" wurde die Lage in der Ukraine
durch den Hungerterror gegen das ukrainische
Dorf und die gleichzeitigen umfassenden
Säuberungen gegen die ukrainischen
Nationalkommunisten und die nationale
ukrainische Intelligenz.
Die Säuberungswelle in der Ukraine im Jahr
1933 war die umfassendste und blutigste, die
bislang über die Sowjetunion hinweggegangen
war. Sie traf die ukrainischen Schriftsteller
und Künstler, Lehrer und Wissenschaftler
sowie die untere und mittlere Führungsebene
des Partei- und Sowjetapparats – die*

Liquidierung der obersten ukrainischen Führung verschob Stalin auf die Jahre 1937 bis 1939. Alle standen im Verdacht, für mehr Autonomie der Ukraine einzutreten und vielleicht sogar eine Lostrennung von der Sowjetunion anzustreben. Stalin hat in paranoider Weise die „Gefahr" übertrieben, ganz aus der Luft gegriffen war sie nicht. In seinem politischen Weltbild gab es nur eine Antwort auf diese Bedrohung: die Vernichtung des Feindes.

War die Vernichtung von Millionen ukrainischer Bauern Völkermord im Sinne der Völkermordkonvention der Vereinten Nationen vom 9. Dezember 1948? In der Ukraine hat sich in den vergangenen Jahren in der Wissenschaft, nicht jedoch in der Politik ein weitgehender Konsens darüber herausgebildet, es habe sich um Völkermord gehandelt. Die „Konvention zur Verhinderung und Bestrafung des Verbrechens des Völkermords" definiert Völkermord als „Akte", die „mit der Absicht begangen wurden, eine nationale, ethnische, rassische *oder religiöse Gruppe als solche, ganz oder teilweise, zu zerstören". Auf den Holodomor angewendet, muss also nachweisbar sein, dass der Hungerterror erstens gezielt gegen das ukrainische Ethnos gerichtet war und dass die Stalin-Führung dabei zweitens die Absicht hatte, diese Gruppe jedenfalls teilweise zu vernichten. Die Gegner der Völkermordthese bringen vor, beides sei nicht erwiesen, weil erstens nicht nur Ukrainer, sondern auch Hunderttausende von Angehörigen anderer Ethnien innerhalb und außerhalb der Ukraine zu Tode kamen. Zweitens sei die Absicht zur Tötung nicht nachgewiesen, denn in den Archiven hat sich keine Direktive von Stalin gefunden, Millionen von Bauern durch Hunger zu vernichten. Dem ist entgegenzuhalten, dass die Konvention nicht die Zerstörung einer ethnischen oder nationalen Gruppe insgesamt in die Völkermorddefinition aufgenommen hat. Dies war zwar bei der Vernichtung der europäischen Juden durch die deutschen Nationalsozialisten der Fall, ist aber nicht Voraussetzung für die Anwendbarkeit der Konvention von 1948. Es reicht also aus, dass der Holodomor sich gegen einen Teil der ukrainischen Bauern richtete und Millionen zu Opfern wurden. Die Tatsache, dass auch nichtukrainische Bauern unter den Opfern waren spricht nicht gegen die Völkermordthese, denn diese setzt keine Ausschließlichkeit voraus. Im Holocaust sind außer Juden auch zahlreiche Angehörige anderer Ethnien zu Opfern geworden.*

*Was nun die Intention, also die Absicht zu töten, betrifft, haben die Archive zwar keinen Tötungsukaz der Stalin-Führung zum Vorschein gebracht, aber die oben beschriebenen Maßnahmen: Konfiszierung aller Lebensmittel und Einschließung und Isolierung der Hungernden kommen einer Tötungsabsicht gleich. Etwas Weiteres kommt hinzu: Ende 1932/Anfang 1933 wurden 60.000 bis 100.000 Kosaken aus dem Kuban'-Gebiet in den Hohen Norden und nach Sibvirien deportiert, alle Bewohner ganzer Kosaken Stanicas (Siedlungen) wurden geschlossen als Konterrevolutionäre im Zusammenhang mit den Getreiderequirierungen deportiert. Die Anordnung dazu enthält ein geheimer*

Beschluss des ZK und des Rates der Volkskommissare der UdSSR vom 14. Dezember 1932. Hier wird in einem Einzelfall deutlich, dass der Terror gezielt gegen eine ethnische Gruppe, nämlich die ukrainischen Kuban' Kosaken, gerichtet war. Auch in der Ukraine selbst wurden im Zuge der Getreidebeschlagnahmungen Bauern in großer Zahl deportiert. Auch dabei handelte es sich in aller Regel um Ukrainer.

Während in der ukrainischen Forschung die Genozidthese inzwischen weitgehend Konsens ist, besteht in der westlichen Forschung ein breites Spektrum von der Akzeptanz der Völkermordthese bis hin zu einer vehementen Ablehnung. James Mace und Andrea Graziosi gehören zu den Befürwortern der Einordnung des Großen Hungers als Völkermord, ebenso Roman Serbyn und manche andere. Auch Terry Martin stimmt dem jedenfalls teilweise zu. Mark Tauger lehnt dagegen eine Tötungsabsicht ab und glaubt im Wesentlichen an eine Naturkatastrophe. Dies ist allerdings in der westlichen Forschung heute eine seltene Extremposition. Zahlreiche Forscher machen

*Stalin persönlich für den Tod von Millionen verantwortlich (S.Wheatcroft) oder unterstellen, er habe bewusst die Bauern verhungern lassen, weil das weniger aufwendig und kostspielig gewesen sei als weitere Millionen von Menschen zu deportieren wie zur Zeit der Kollektivierung (Michael Ellman). Insoweit lässt sich sagen, dass der Holodomor weithin in der westlichen Forschung als Verbrechen gegen die Menschlichkeit, wenn auch nicht durchgehend als Völkermord qualifiziert wird. Die russische Politik wehrt sich mit Nachdruck gegen die Einordnung des Holodomor als Völkermord. Allerdings gibt es in Russland Forscher, die den Großen Hunger als Völkermord werten, dessen Opfer nicht nur die Ukrainer sondern auch die Russen waren, von denen Hunderttausende an der Wolga umkamen (V. Danilov, Viktor Kondrašin). In Russland wird bislang weder in der Publizistik noch in der Forschung anerkannt, dass der Holodomor in der Ukraine andere, noch weit brutalere Züge hatte als an der Wolga. Die enge Verknüpfung von Nationalitätenpolitik und*

*Getreiderequirierungen, die Stalin persönlich hergestellt hat, wird nicht zur Kenntnis genommen. Für Stalin war der Holodomor nicht nur ein Instrument, um die Bauern zu disziplinieren, sondern auch um in der Ukraine alle Träume von Autonomie oder gar Selbständigkeit ein für alle Mal zu zerstören. Wie wir heute wissen, ist dies nicht gelungen.*

*https://osteuropa.lpb-bw.de/simon-holodomor-als-voelkerm Aufruf 05/23*

*Was wissen und können Hirnforscher heute?*

*Angesichts des enormen Aufschwungs der Hirnforschung in den vergangenen Jahren entsteht manchmal der Eindruck, unsere Wissenschaft stünde kurz davor, dem Gehirn seine letzten Geheimnisse zu entreißen. Doch hier gilt es zu unterscheiden: Grundsätzlich setzt die neurobiologische Untersuchung des Gehirns auf drei verschiedenen Ebenen an. Die oberste erklärt die Funktion größerer Hirnareale, beispielsweise spezielle Aufgaben verschiedener Gebiete der Großhirnrinde, der Amygdala oder der Basalganglien. Die mittlere Ebene beschreibt das Geschehen innerhalb von Verbänden von hunderten oder tausenden Zellen.*
*Und die unterste Ebene umfasst die Vorgänge auf dem Niveau einzelner Zellen und Moleküle. Bedeutende Fortschritte bei der Erforschung des Gehirns haben wir bislang nur auf der obersten und der untersten Ebene erzielen können, nicht aber auf der mittleren.*

*Verschiedene Methoden ermöglichen einen Einblick in die oberste Organisationsebene des Gehirns: Bildgebende Verfahren wie die Positronenemissionstomografie (PET) und die funktionelle Magnetresonanztomografie (fMRT), die den Energiebedarf von Hirnregionen messen, besitzen eine gute räumliche Auflösung, bis in den Millimeterbereich. Zeitlich gesehen hinken sie den Vorgängen allerdings mindestens um Sekunden hinterher. Die klassische Elektroenzephalografie (EEG) dagegen misst die elektrische Aktivität von Nervenzellverbänden quasi in Echtzeit, gibt aber nicht genau Aufschluss über den Ort des Geschehens. Etwas besser – etwa im Zentimeterbereich – liegt die räumliche Auflösung bei der neueren Magnetenzephalografie (MEG), mit der sich die Änderung von Magnetfeldern um elektrisch aktive Neuronenverbände millisekundengenau sichtbar machen lässt.*

**Insbesondere durch die Kombination mehrerer dieser Technologien können wir das Zusammenspiel verschiedener**

*Hirnareale darstellen, das uns kognitive Funktionen wie Sprachverstehen, Bilder erkennen, Tonwahrnehmung, Musikverarbeitung, Handlungsplanung, Gedächtnisprozesse sowie das Erleben von Emotionen ermöglicht. Damit haben wir eine thematische Aufteilung der obersten Organisationsebene des Gehirns nach Funktionskomplexen gewonnen. Auch hinsichtlich der untersten neuronalen Organisationsebene hat die Entwicklung völlig neuartiger Methoden wie etwa der Patch-clamp-Technik, der Fluoreszenzmikroskopie oder des Xenopus-Oocyten- Expressionssystems zu einem Erkenntnissprung geführt. Inzwischen wissen wir sehr viel mehr über die Ausstattung der Nervenzellmembran mit Rezeptoren und Ionenkanälen sowie über deren Arbeitsweise, die Funktion von Neurotransmittern, Neuropeptiden und Neurohormonen, den Ablauf intrazellulärer Signalprozesse oder die Entstehung und Fortleitung neuronaler Erregung. Selbst was in einem einzelnen Neuron passiert, können wir mit hoher räumlicher und zeitlicher Auflösung analysieren sowie in Computermodellen simulieren. Dies ist von großer Bedeutung für das Grund legende Verständnis der Arbeitsweise von Sinnesorganen und Nervensystemen sowie für die gezielte Behandlung neurologischer und psychischer Erkrankungen.*

*Zweifellos wissen wir also heute sehr viel mehr über das Gehirn als noch vor zehn Jahren. Zwischen dem Wissen über die obere und untere Organisationsebene des Gehirns klafft aber nach wie vor eine große Erkenntnislücke. Über die mittlere Ebene – also das Geschehen innerhalb kleinerer und größerer Zellverbände, das letztlich den Prozessen auf der obersten Ebene zu Grunde liegt – wissen wir noch erschreckend wenig. Auch darüber, mit welchen Codes einzelne oder wenige Nervenzellen untereinander kommunizieren (wahrscheinlich benutzen sie gleichzeitig mehrere solcher Codes), existieren allenfalls plausible Vermutungen. Völlig unbekannt ist zudem, was abläuft, wenn hundert Millionen oder gar einige Milliarden Nervenzellen miteinander "reden".*

*Nach welchen Regeln das Gehirn arbeitet; wie es die Welt so abbildet, dass* unmittelbare Wahrnehmung und frühere Erfahrung miteinander verschmelzen; wie das innere Tun als "seine" Tätigkeit erlebt wird und wie es zukünftige Aktionen plant, all dies verstehen wir nach wie vor nicht einmal in Ansätzen. Mehr noch: Es ist überhaupt nicht klar, wie man dies mit den heutigen Mitteln erforschen könnte. In dieser Hinsicht befinden wir uns gewissermaßen noch auf dem Stand von Jägern und Sammlern.

Die Beschreibung von Aktivitätszentren mit PET oder fMRI und die Zuordnung dieser Areale zu bestimmten Funktionen oder Tätigkeiten hilft hier kaum weiter. Denn dass sich all das im Gehirn an einer bestimmten Stelle abspielt, stellt noch keine Erklärung im eigentlichen Sinne dar. Denn »wie« das funktioniert, darüber sagen diese Methoden nichts, schließlich messen sie nur sehr indirekt, wo in Haufen von hundert Tausenden von Neuronen etwas mehr Energiebedarf besteht. Das ist in etwa so, als versuchte man die Funktionsweise eines Computers zu ergründen, indem man seinen Stromverbrauch misst, während er verschiedene Aufgaben abarbeitet.

*Vieles spricht dafür, dass neuronale Netzwerke als hochdynamische, nichtlineare Systeme betrachtet werden müssen. Das bedeutet, sie gehorchen zwar mehr oder weniger einfachen Naturgesetzen, bringen aber aufgrund ihrer Komplexität völlig neue Eigenschaften hervor. Repräsentationen von Inhalten – seien es Wahrnehmungen oder motorische Programme – entsprechen hochkomplexen raumzeitlichen Aktivitätsmustern in diesen neuronalen Netzwerken.*

*Um diesen Signalcode zu entschlüsseln, bedarf es wahrscheinlich paralleler Ableitstechniken, die eine gleichzeitige Messung an vielen Stellen des Gehirns erlauben.*

*Doch auch wenn viele Geheimnisse noch darauf warten gelüftet zu werden, hat die Hirnforschung bereits heute einige ganz erstaunliche Erkenntnisse gewonnen.*

*Beispielsweise wissen wir im Wesentlichen, was das Gehirn gut leisten kann und wo es an seine Grenzen stößt. Mit am eindrucksvollsten ist seine enorme Adaptions- und Lernfähigkeit, die – und das ist wohl der überraschendste Punkt – zwar mit dem Alter abnimmt, aber bei*

weitem nicht so stark wie vermutet. Lange
Zeit dachte man, die Hirnentwicklung sei
irgendwann in der Jugend abgeschlossen
und die neuronalen Netzwerke seien
endgültig angelegt. Mittlerweile
steht aber fest, dass sich auch im
erwachsenen Gehirn zumindest im
Kurzstreckenbereich – auf der Ebene
einzelner Synapsen – noch neue
Verschaltungen bilden können. Außerdem
können für bestimmte Aufgaben
zusätzliche Hirnregionen rekrutiert werden
– etwa beim Erlernen von Fremdsprachen
in fortgeschrittenem Alter.
Dank dieser Plastizität kann Hans also
durchaus noch lernen, was Hänschen
nicht gelernt hat – auch wenn es mit den
Jahren deutlich schwerer fällt. Die
molekularen und zellulären Faktoren, die
der Lern-Plastizität zu Grunde liegen,
verstehen wir mittlerweile so gut, dass wir
beurteilen können, welche Lernkonzepte –
etwa für die Schule – am besten an die
Funktionsweise des Gehirns angepasst
sind.Vor allem aus Tierversuchen wissen
wir seit einigen Jahren außerdem, dass
sich selbst im erwachsenen Gehirn –
zumindest an einigen Stellen – noch neue

*Nervenzellen bilden. Zum jetzigen Zeitpunkt verstehen wir noch nicht, wie sich bei dieser "Neurogenese" neue Nervenzellen in alte Verschaltungen einfügen und welche Funktion sie dann übernehmen. Die Frage, ob sich eine medikamentös induzierte Neurogenese für ursächliche Therapien von neurodegenerativen Erkrankungen einsetzen lässt, können wir daher im Moment noch nicht beantworten.*

*Wir haben herausgefunden, dass im menschlichen Gehirn neuronale Prozesse und bewusst erlebte geistig-psychische Zustände aufs Engste miteinander zusammenhängen und unbewusste Prozesse bewussten in bestimmter Weise vorausgehen. Die Daten, die mit modernen bildgebenden Verfahren gewonnen wurden, weisen darauf hin, dass sämtliche innerpsychischen Prozesse mit neuronalen Vorgänge in bestimmten Hirnrealen einhergehen – zum Beispiel Imagination, Empathie, das Erleben von Empfindungen und das Treffen von Entscheidungen beziehungsweise die absichtsvolle Planung von Handlungen. Auch wenn wir die genauen Details noch nicht kennen,* können wir davon ausgehen, dass all diese Prozesse grundsätzlich durch physikochemische Vorgänge beschreibbar sind. Diese näher zu erforschen, ist die Aufgabe der Hirnforschung in den kommenden Jahren und Jahrzehnten. Geist und Bewusstsein – wie einzigartig sie von uns auch empfunden werden – fügen sich also in das Naturgeschehen ein und übersteigen es nicht. Und: Geist und Bewusstsein sind nicht vom Himmel gefallen, sondern haben sich in der Evolution der Nervensysteme allmählich herausgebildet. Das ist vielleicht die wichtigste Erkenntnis der modernen Neurowissenschaften.

Was wissen und können Hirnforscher in zehn Jahren?

Was wir in zehn Jahren über den genaueren Zusammenhang von Gehirn und Geist wissen werden, hängt vor allem von der Entwicklung neuer Untersuchungsmethoden ab. Das "Wo" im Gehirn, über das uns heute die funktionelle Kernspintomographie Auskunft gibt, sagt uns noch nicht, "wie" kognitive Leistung durch neuronale Mechanismen zu beschreiben *sind. Für einen echten Fortschritt in diesem Bereich benötigen wir ein Verfahren, das die Registrierung beider Aspekte in einem ermöglicht.*

*Wie entstehen Bewusstsein und Ich-Erleben, wie werden rationales und emotionales Handeln miteinander verknüpft, was hat es mit der Vorstellung des "freien Willens" auf sich? Die großen Fragen der Neurowissenschaften zu stellen ist heute schon erlaubt – dass sie sich bereits in den nächsten zehn Jahren beantworten lassen, ist allerdings eher unrealistisch. Selbst ob wir sie bis dahin auch nur sinnvoll angehen können, bleibt fraglich. Dazu müssten wir über die Funktionsweise des Gehirns noch wesentlich mehr wissen.*

*Sehr wohl aber kann es der Hirnforschung innerhalb der nächsten Dekade gelingen, Erkenntnisse zu erarbeiten, die für Antworten auf diese übergeordneten Fragen entscheidend sein werden. So wollen wir herausfinden, wie Schaltkreise von Hunderten oder Tausenden Neuronen im Verbund des ganzen Gehirns Information codieren, bewerten, speichern und auslesen. Die* mittlere Ebene – die Untersuchung der Arbeitsweise von kleineren Bereichen des Nervensystems, von Mikroschaltkreisen – gelangt also zunehmend in den Mittelpunkt der Forschung. Das bisher übliche Verfahren, solche Fragen an Gehirnschnitten zu untersuchen, gehört dann wahrscheinlich der Vergangenheit an, da es nur Momentaufnahmen in einem nicht mehr als Ganzen funktionierenden Schaltwerk darstellen kann. Stattdessen können wir in zehn Jahren wahrscheinlich die räumliche und zeitliche Verteilung von neuronaler Erregung bis auf die Ebene aller beteiligten Neurone in einem Mikroschaltkreis mit bildgebenden Verfahren hoher zeitlicher Auflösung im intakten Nervensystem erfassen. Multiple-Photonenmikroskopie, funktionelle Farbstoffe und molekulargenetische Methoden versetzen uns in die Lage, die Regeln des Informationsflusses innerhalb einzelner Neurone und im Verbund von Neuronen zu erkennen.

Voraussetzung für all diese Experimente ist aber, dass die untersuchten Tiere – denn an diesen werden die Versuche vor allem stattfinden – nicht narkotisiert sind und aufgrund schmerzfreier Verfahren ihr natürliches Verhalten zeigen. Nur dann ist es möglich, die Hirnaktivität dieser Tiere beim aktiven Lösen von Aufgaben zu beobachten und dabei die wichtigste Funktion des Gehirns, seine Produktivität und Spontaneität, in die Analyse miteinzubeziehen.

Ganz wesentlich unterstützt wird das Verständnis der Arbeitsweise von Mikroschaltkreisen durch eine detailreiche Modellierung mit Hochleistungsrechnern. Diese Modellierung orientiert sich zukünftig allerdings weniger an den heutigen Konzepten der Informatik und künstlichen Intelligenz als vielmehr an den wirklichen physiologischen Vorgängen. Und zwar nicht nur an denen der unteren Ebene – einzelnen Neuronen mit ihren Ausstattungen an Kanälen und Rezeptoren, ihren wahren Gestalten und ihren plastischen Eigenschaften –, sondern vor allem auch an den neuronalen Prozessen der bisher noch so wenig verstandenen mittleren Ebene, wie sie beim Lernen, beim Erkennen und

*Planen von Handlungen vorkommen. So wird sich neben der experimentellen Neurobiologie die theoretische Neurobiologie als Forschungsdisziplin durchsetzen, die dann ähnlich wie die theoretische Physik innerhalb der Physik eine große Eigenständigkeit besitzt.*

*Am Ende der Bemühungen werden die Neurowissenschaften sozusagen das kleine Ein-Mal-Eins des Gehirns verstehen. Daraus lassen sich dann strenge Hypothesen zum Studium übergeordneter Hirnfunktionen ableiten: beispielsweise wie das Gehirn seine zahlreichen Subsysteme so koordiniert, dass kohärente Wahrnehmungen und koordinierte Aktionen entstehen können.*

*Ohne diesen entscheidenden Zwischenschritt über die "mittlere" Organisationsebene bleiben die Aussagen über den Zusammenhang zwischen neuronal beobachtbarer Aktivität und kognitiven Leistungen weiterhin spekulativ.*

*Vor allem was die konkreten Anwendungen angeht, stehen uns in den nächsten zehn Jahren enorme Fortschritte ins Haus.*

*Wahrscheinlich werden wir die wichtigsten molekularbiologischen und genetischen Grundlagen neurodegenerativer Erkrankungen wie Alzheimer oder Parkinson verstehen und diese Leiden schneller erkennen, vielleicht von vornherein verhindern oder zumindest wesentlich besser behandeln können. Ähnliches gilt für einige psychische Krankheiten wie Schizophrenie und Depression. In absehbarer Zeit wird eine neue Generation von Psychopharmaka entwickelt werden, die selektiv und damit hocheffektiv sowie nebenwirkungsarm in bestimmten Hirnregionen an definierten Nervenzellrezeptoren angreift. Dies könnte die Therapie psychischer Störungen revolutionieren – auch wenn von der Entwicklung zum anwendungsfähigen Medikament noch etliche weitere Jahre vergehen werden.*

*Zudem werden Neuroprothesen wie intelligente Ersatzgliedmaßen oder das künstliche Ohr immer weiter perfektioniert. In zehn Jahren haben wir wahrscheinlich eine künstliche Netzhaut entwickelt, die nicht im Detail programmiert ist, sondern sich nach den*

Prinzipien des Nervensystems organisiert und lernt. Das wird unseren Blick auf das Sehen, auf die Wahrnehmung, vielleicht auf alle Organisationsprozesse im Gehirn tief greifend verändern.

Ebenso werden uns die zu erwartenden weiteren Fortschritte in der Hirnforschung vermehrt in die Lage versetzen, psychische Auffälligkeiten und Fehlentwicklungen, aber auch Verhaltensdispositionen zumindest in ihrer Tendenz vorauszusehen – und "Gegenmaßnahmen" zu ergreifen. Solche Eingriffe in das Innenleben, in die Persönlichkeit des Menschen sind allerdings mit vielen ethischen Fragen verbunden, deren Diskussion in den kommenden Jahren intensiviert werden muss.

Was werden Hirnforscher eines Tages wissen und können?

In absehbarer Zeit, also in den nächsten 20 bis 30 Jahren, wird die Hirnforschung den Zusammenhang zwischen neuroelektrischen und neurochemischen Prozessen einerseits und perzeptiven, kognitiven, psychischen und motorischen Leistungen andererseits soweit erklären können, dass Voraussagen über diese

Zusammenhänge in beiden Richtungen mit einem hohen Wahrscheinlichkeitsgrad möglich sind. Dies bedeutet, dass man widerspruchsfrei Geist, Bewusstsein, Gefühle, Willensakte und Handlungsfreiheit als natürliche Vorgänge ansehen wird, denn sie beruhen auf biologischen Prozessen.

Eine "vollständige" Erklärung der Arbeit des menschlichen Gehirns, das heißt eine durchgängige Entschlüsselung auf der zellulären oder gar molekularen Ebene, erreichen wir dabei dennoch nicht. Insbesondere wird eine vollständige Beschreibung des individuellen Gehirns und damit eine Vorhersage über das Verhalten einer bestimmten Person nur höchst eingeschränkt gelingen. Denn einzelne Gehirne organisieren sich aufgrund genetischer Unterschiede und nicht reproduzierbarer Prägungsvorgänge durch Umwelteinflüsse selbst – und zwar auf sehr unterschiedliche Weise, individuellen Bedürfnissen und einem individuellen Wertesystem folgend. Das macht es generell unmöglich, durch Erfassung von Hirnaktivität auf die daraus resultierenden psychischen

*Vorgänge eines konkreten Individuums zu schließen.*

*Im Endeffekt könnte sich eine Situation wie in der Physik ergeben: Die klassische Mechanik hat deskriptive Begriffe für die Makrowelt eingeführt, aber erst mit den aus der Quantenphysik abgeleiteten Begriffen ergab sich die Möglichkeit einer einheitlichen Beschreibung. Auf lange Sicht werden wir entsprechend eine "Theorie des Gehirns" aufstellen, und die Sprache dieser Theorie wird vermutlich eine andere sein als jene, die wir heute in der Neurowissenschaft kennen. Sie wird auf dem Verständnis der Arbeitsweise von großen Neuronenverbänden beruhen, den Vorgängen auf der mittleren Ebene. Dann lassen sich auch die schweren Fragen der Erkenntnistheorie angehen: nach dem Bewusstsein, der Ich-Erfahrung und dem Verhältnis von erkennendem und zu erkennenden Objekt. Denn in diesem zukünftigen Moment schickt sich unser Gehirn ernsthaft an, sich selbst zu erkennen.*

**Dann werden die Ergebnisse der Hirnforschung, in dem Maße, in dem sie einer breiteren Bevölkerung bewusst**

*werden, auch zu einer Veränderung
unseres Menschenbildes führen. Sie
werden dualistische Erklärungsmodelle –
die Trennung von Körper und Geist –
zunehmend verwischen. Ein weiteres
Beispiel: das Verhältnis von angeborenem
und erworbenem Wissen. In unserer
momentanen Denkweise sind dies zwei
unterschiedliche Informationsquellen, die
unserem Wahrnehmen, Handeln und
Denken zu Grunde liegen. Die
Neurowissenschaft der nächsten
Jahrzehnte wird aber ihre innige
Verflechtung aufzeigen und
herausarbeiten, dass auf der mittleren
Ebene der Nervennetze eine solche
Unterscheidung gar keinen Sinn macht.
Was unser Bild von uns Selbst betrifft,
stehen uns also in sehr absehbarer Zeit
beträchtliche Erschütterungen ins Haus.
Geisteswissenschaften und
Neurowissenschaften werden in einen
intensiven Dialog treten müssen, um
gemeinsam ein neues Menschenbild zu
entwerfen.
Aller Fortschritt wird aber nicht in einem
Triumph des neuronalen Reduktionismus
enden. Selbst wenn wir irgendwann*

einmal sämtliche neuronalen Vorgänge aufgeklärt haben sollten, die dem Mitgefühl beim Menschen, seinem Verliebtsein oder seiner moralischen Verantwortung zugrunde liegen, so bleibt die Eigenständigkeit dieser "Innenperspektive" dennoch erhalten. Denn auch eine Fuge von Bach verliert nichts von ihrer Faszination, wenn man genau verstanden hat, wie sie aufgebaut ist. Die Hirnforschung wird klar unterscheiden müssen, was sie sagen kann und was außerhalb ihres Zuständigkeitsbereichs liegt, so wie die Musikwissenschaft – um bei diesem Beispiel zu bleiben – zu Bachs Fuge Einiges zu sagen hat, zur Erklärung ihrer einzigartigen Schönheit aber schweigen muss.

© Gehirn und Geist Magazin | 13.10.2004 | http://www.spektrum.de/th ema/das-manifest/852357

Das Resümee der neurowissenschaftlichen Bestandsaufnahme ist eher ernüchternd denn von revolutionärem Charakter und kann eventuelle cerebrale Veränderungen in Tschikatilos Gehirn wenn überhaupt höchstens hypothetisch erklären.
Die Funktionen der unteren bzw. der oberen Ebene des Gehirns sind, zumindest was den *technischen* Bereich angeht, mehr oder weniger erklärbar.Wenn gleich dies auch schon vor dem Jahr 2004 in etlichen Hypothesen und Theorien formuliert worden ist. Bevor ich allerdings weiter fortfahre mit meinen Erläuterungen, zunächst eine Reflexion der Neurowissenschaften, Pro domo, sozusagen.

*Im Jahr 2004 wurde ein anspruchsvolles „ Manifest der Neurowissenschaftler " verfasst, das ein optimistisches Bild der damaligen Lage und von zukünftigen Optionen der Neurowissenschaften skizzierte So wisse man bereits, welche Lernkonzepte – etwa für die Schule – die besten seien (S. 33). Das Manifest beeindruckte unsere wissenschaftliche Öffentlichkeit tief, sodass es nun 10 Jahre nach dieser Positionierung besonders interessant ist, seine Aussagen und die anvisierten Ziele zu überprüfen. Das Manifest war ein wichtiger Impuls, diese Forschungsrichtung sehr ernst zu nehmen, es wurden Erwartungen geweckt, aber auch Widersprüche hervorgerufen.*

*Die Bilanz des mittlerweile Erreichten ist allerdings ernüchternd. Das liegt aber nicht nur an mangelnden methodischen Durchbrüchen, unerwartet zeitaufwendiger Entwicklungsarbeit für Medikamente, fehlenden Forschungsgeldern, unzureichenden Organisationsstrukturen der Forschung und auch an der „zu kurzen" Zeitspanne, sondern zu großen Teilen an wissenschaftssystematischen Schwierigkeiten der*

*Neurowissenschaften. Wären die unbefriedigenden Ergebnisse allein durch technische und organisatorische Probleme bedingt, dann wären vielleicht die Ziele noch nicht erreicht, aber eine Annäherung an diese wäre erkennbar. Das Ausbleiben einer solchen Entwicklung liegt auch nicht daran, dass eine differenzierte Fachlichkeit nicht leicht in einer gehobenen Umgangssprache abzubilden ist oder dass Medien die Aussagen überzeichnet hätten. Es liegt im Wesentlichen an Unzulänglichkeiten im Bereich der Theorie und Methodologie der Neurowissenschaften. Die genauere Betrachtung des Manifests führt nämlich zu der Vermutung, dass Hirnforscher oft von impliziten erkenntnistheoretischen und wissenschaftstheoretischen Annahmen ausgehen, die sie das Erklärungspotenzial der Hirnforschung überschätzen lassen.*

*Wären diese Ansprüche und ihre Probleme nur von theoretischer Bedeutung, so wäre eine Diskussion weniger wichtig. Offensichtlich hat aber die Öffentlichkeit aus vielerlei Gründen an den praktischen Erfolgen der Hirnforschung großes Interesse. Die Klärung des wahren Potenzials der Neurowissenschaft sowie der Bedingungen, unter denen sich dieses Potenzial am besten entwickeln kann, ist deshalb keine rein akademische Aufgabe, sondern hat beträchtliche soziale Konsequenzen.*

### *2. Gesellschaftliche Bedeutung*

*Psychiatrische und neurologische Erkrankungen machen nach Einschätzung der WHO heute einen Großteil aller Erkrankungen aus. Diese Situation wird sich noch verschärfen. Deshalb wird von klinisch tätigen Ärzten sowie von Patienten und deren Angehörigen nichts sehnlicher erwartet als Fortschritte der Neurowissenschaften. Auch bestehen gesellschaftliche Erwartungen zur Frage der neurobiologischen Früherkennung und Einschätzung von potenziellen Gewalttätern. Schließlich ist das Verständnis des Gehirns von größter Bedeutung für das anthropologische Selbstverständnis des Menschen. Mit unseren Konzepten vom Gehirn und dem Geistigen ist die rechtliche, soziale und kulturelle Ordnung unserer Gesellschaft eng verbunden. Es geht also um nichts weniger als die Frage: Was ist der Mensch?*

### *3. Einige Feststellungen und Prognosen des Manifest*

*4. Was haben nun die Neurowissenschaftler damals versprochen, und was haben sie gehalten? Blickt man 10 Jahre zurück, so sind zwar Fortschritte in der Neurobiologie erkennbar, aber es ist nicht viel Sensationelles in Forschung und Praxis zu vermelden. Das Manifest prognostiziert hingegen (S. 36): „In absehbarer Zeit wird eine neue Generation von Psychopharmaka entwickelt, die selektiv in bestimmten Hirnregionen an definierten Nervenzellrezeptoren angreift. Dies könnte die Therapie psychischer Störungen revolutionieren."*

*Für die Behandlung psychiatrischer und neurologischer Erkrankungen sind Medikamente zwar ein wichtiger Bestandteil der Therapie. Es war aber bereits vor 10 Jahren bekannt, dass spezielle Medikamente, ob sie auf einen oder mehrere spezifische Rezeptortypen einwirken, keine wesentliche therapeutische Effektsteigerung bringen und darüber hinaus problematische Nebenwirkungen auslösen können. Die Schwierigkeit für die aktuell eher stagnierende Entwicklung von Psychopharmaka besteht darin, dass die molekularen Hirnmechanismen, die beim Auftreten von psychischen Erkrankungen relevant sind, in vielfältiger Weise funktionell eng miteinander verbunden sind. Diese molekularen Netzwerke erschweren auch das Verstehen der psychischen Wirkung von Drogen.*

*Derzeit ist bei verschiedenen psychiatrischen und neurologischen Erkrankungen die Anwendung von Elektroden zur tiefen Hirnstimulation sehr beliebt. Dieses Verfahren ist bereits aus Tierexperimenten der 1960er Jahre bekannt. Die heutige breite Anwendung dieser Methode lässt jedoch erkennen, dass sie zwar effektiv, aber nur verhältnismäßig unspezifisch wirksam ist. Auch das ist durch die hochgradige Vernetzung neuronaler Schaltkreise erklärbar. Das entsprechende Konzept vom Gehirn als Netzwerk hat in den letzten Jahren zu der Vorstellung krankheitsspezifischer Netzwerktypen geführt, wobei diese Grundhypothese mangels systematischer empirischer Daten noch nicht gut belegt ist. Lernende künstliche Netzhäute des Auges und Neuroprothesen, wie sie im Manifest gelobt werden (S. 36), sind weiterhin eher Zukunftsmusik. Bisherige Erfolge beschränken sich auf wenige Fälle, in denen nur eine rudimentäre Wiederherstellung von Funktionen gelungen ist.*

*Zweifellos haben in den vergangenen 10 Jahren einige Bereiche der Neurologie, vor allem die Neurochirurgie und die Neurorehabilitation, einen guten Fortschritt gemacht. Eingriffe sind heute möglich, von denen man vor einigen Jahren nur träumen konnte. Doch betrachtet man diese Fortschritte genauer, so findet man ihren Grund in der Entwicklung der Technik, allem voran der digitalen Technologien, und nicht im erweiterten Wissen über die zugrunde liegenden Prozesse im Gehirn.*

*Auch in der experimentellen Hirnforschung ist technisch-apparativ einiges vorangekommen: Wenn man auf die Optogenetik blickt, auf Multi-Elektroden-Ableitungen, auf das Fibertracking und Untersuchungen im Ruhezustand („resting state"), auf Methoden der Identifikation der Verbindungen von Gehirngebieten etwa in Form des Projekts des Human Connectome, auf das Human Brain Project als Programm der Rekonstruktion des menschlichen Gehirns – dann liefert all dies immer detailliertere Beschreibungen. Und das ist gut so! Die Hirnforschung scheint allerdings von der Grundannahme auszugehen, dass mit höherer Detailtreue der Empirie auch das Verständnis der Mechanismen zunimmt. Da ist zu fragen: Bedeuten mehr „Daten", in gleichem Maße mehr „erklären" und „verstehen" zu können? Diese Fragen berühren das philosophische Gebiet der Wissenschaftstheorie. Die Einbindung entsprechender philosophischer Kompetenzen könnte zu vertiefter Reflexion über das Erkenntnispotenzial der Neurowissenschaften führen.*

### 5. Die Verortung des Psychischen im Gehirn

*Zu dem jahrhundertealten Projekt, Zuordnungen zwischen psychischen Funktionen und Gehirnstrukturen zu treffen, sagen die Autoren des Manifests, dass sie „...eine thematische Aufteilung der obersten Organisationsebene des Gehirns nach Funktionskomplexen" gewonnen hätten (S. 31). Damit nicht genug (S. 33): „Die Daten, die mit modernen bildgebenden Verfahren gewonnen wurden, weisen darauf hin, dass sämtliche innerpsychischen Prozesse mit neuronalen Vorgängen in bestimmten Hirnarealen einhergehen – zum Beispiel Imagination,*

*Empathie, dem Erleben von Empfindungen und dem Treffen von Entscheidungen beziehungsweise der absichtsvollen Planung von Handlungen." Hier ist zunächst erkennbar, dass unausgesprochene philosophische Überzeugungen zum ontologischen Verhältnis von innerpsychischen Prozessen und Gehirnvorgängen einfließen. Es wird außerdem unterstellt, dass „sämtliche" psychischen Funktionen, also auch alle Emotionen bereits experimentell untersucht worden sind. Das ist schlichtweg unzutreffend, sodass diese Aussage bestenfalls als Hypothese, aber nicht als Befund zu werten ist. Zum anderen wäre es falsch, den Sachverhalt eines „Einhergehens" als Beweis kausaler Zusammenhänge zu verstehen. Tatsächlich gehört es zu den Grundtatsachen der mathematischen Statistik, dass Korrelationen allein keine Kausalität begründen. Psychische Phänomene gehen auch mit der Aktivität des Herzen, des vegetativen Nervensystems und der gesamten Muskulatur einher. So wie man im Prinzip ohne Hirnrinde nicht denken kann, kann man ohne Arme keine Bäume fällen, ohne Beine nicht gehen und ohne Augen nicht sehen. Es ist außerdem sicher, dass auch molekulare und elektrische Prozesse in Gliazellen mit psychischen Prozessen „einhergehen". Die Gleichsetzung des Gehirns mit Nervenzellen, womöglich sogar nur mit solchen der Großhirnrinde, ist also bereits eine zu eng gefasste Reduktion, denn letztlich könnten auch Sauerstoff und Glukose als notwendige Bedingungen der Gehirnaktivität und damit von psychischen Prozessen angesehen werden. Findet man deshalb parallel zu psychischen Prozessen und Zuständen Gehirnaktivitäten, dann ist deren Spezifität nachzuweisen. Andernfalls gleitet man in unzeitgemäße Trivialitäten ab.*

*Es zeigt sich darüber hinaus bereits seit Jahrzehnten, dass eine eindeutige Struktur-Funktion-Zuordnung mit erheblichen Unschärfen verbunden ist. Das stellt sich besonders eindrucksvoll am Beispiel des Sehens dar, an dem mehr als 30 Hirnareale mit etwa 900 Verbindungswegen beteiligt sind. Es verwundert daher auch nicht, dass ein Gehirnareal wie der präfrontale Kortex multiple Funktionen wie Sehen, Bewerten, Gedächtnis, usw. aufweist. Die Frage, auf welcher Organisationsebene und mit welcher Ortsauflösung einzelne psychische Funktionen realisier werden, dürfte deshalb am Problem vorbeigehen. Hier setzen bereits die neueren Konnektivitätsanalysen an. Das Gehirn ist wegen seiner hochgradigen Rückkopplung seiner Areale als ein operational geschlossenes System – oder aktueller formuliert: als ein „Netzwerk"– zu charakterisieren. Sinngemäß gilt somit grundsätzlich: Eine psychische Funktion wird an mehreren Gehirnorten realisiert, und ein Gehirnort ist an mehreren Funktionen beteiligt.*

*Darüber hinaus müssen die psychologischen Termini,die neurobiologisch „erklärt" werden sollen, vorher genau abgegrenzt und auch messtechnisch definiert werden. Nur so können sie von dem unscharfen Bedeutungsfeld der gehobenen Umgangssprache abgegrenzt werden. Anders gesagt: Die Qualität der Zuordnung einer Funktion zu einer Struktur hängt wesentlich von der Präzision der Definition des jeweiligen Funktionsbegriffs ab. Um z.B. Aufmerksamkeit bestimmten Orten im Gehirn zuzuordnen, muss man zuerst klären, was die Aufmerksamkeit wissenschaftlich-psychologisch gesehen ist. Bei entsprechenden Präzisierungsbemühungen geht aber leicht der Bezug zum phänomenalen Erleben abhanden, was die Gültigkeit der Aussagen zusätzlich mindert. Dieses Problem ist vor allem für die Psychiatrie bedeutsam, da eine „Verortung" psychischer Krankheiten im Gehirn bisher oft nicht oder nur zum Teil gelungen ist und aus den genannten Gründen auch kaum zu erwarten ist. Es ist also festzustellen, dass die methodologischen Probleme der Zuordnungen von Strukturen und Funktionen, wie sie in der modernen Philosophie des Gehirn-Geist-Problems diskutiert werden, von den Neurowissenschaftlern nur unzureichend berücksichtigt worden sind.*

*Die Vernachlässigung der erkenntnistheoretischen Problematik, in der Hirnforschung Struktur-Funktion-Beziehungen herzustellen, die grundlegend in der Perspektivendifferenz zwischen der subjektiven Erste-Person-Perspektive und der objektiven Dritte-Person-Perspektive bestehen zeigt zugleich, dass die Forschungsressourcen zu wenig in wichtige Bereiche der Grundlagenforschung gelenkt werden: Es müsste nämlich mehr in den Bereich der Theorie des Gehirns investiert werden, statt nahez ausschließlich auf die Ausweitung der Datenbanken zu setzen, die bereits so komplex sind, dass sie kaum mehr übersehbar und damit auch immer weniger verstehbar sind.*

## 6. Methodologische Grundfragen – das Gehirn-Geist-Problem

*Die Autoren des Manifests erwecken den Eindruck, bereits über die Lösung des Gehirn-Geist-Problems zu verfügen (S. 33): „Wir haben herausgefunden, dass im menschlichen Gehirn neuronale Prozesse und bewusst erlebte geistig-psychische Zustände ... auf das Engste miteinander zusammenhängen und unbewusste Prozesse bewussten in bestimmter Weise vorausgehen." Wen wundert es? Die Einsicht der Hirnabhängigkeit psychischer Prozesse reicht im Prinzip teilweise bis Hippokrates und - was das Unbewusste betrifft - bis Sigmund Freud und sogar bis Friedrich Nietzsche zurück. Sie ist also nicht der modernen Neurowissenschaft zu verdanken, obwohl sie nun eng mit Letzterer verknüpft ist. Es ist klar: „Ohne Gehirn ist alles nichts!" Man hat jedoch noch nie von „freilaufenden" Gehirnen gehört. Das heißt „ Das Gehirn ist nicht alles. " Ohne Körper und ohne Bezüge zu dessen Umgebung ist es auch ein „Nichts"! Das entspricht nicht nur der Alltagsrealität, sondern auch heutigen anerkannten analytischen Positionen der Philosophie des Geistes. Es geht also nicht um das „Dass", sondern um das „Wie" des „Zusammenhängens" und des „Vorausgehens".*

*Dazu führen die Autoren des Manifests aus (S. 33): „Auch wenn wir die genauen Details noch nicht kennen, können wir davon ausgehen, dass all diese Prozesse grundsätzlich durch physikochemische Vorgänge beschreibbar sind." Das ist Metaphysik, aber nicht empirische Neurobiologie. Beispielsweise hohe Dopamin- und Endorphinkonzentrationen in bestimmten Gehirnregionen einem Lustzustand zuzuordnen bedeutet nicht, dass psychische Phänomen Lust als physikochemisches Phänomen treffend „beschreiben" zu können. Außerdem bedeutet eine Beschreibung noch keine wissenschaftliche Erklärung: Man kann z.B. Geldscheine physikalisch als Papierstücke beschreiben, aber ihre Erklärung ist nur mithilfe der Wirtschaftswissenschaft möglich.*

*Dennoch behaupten die Autoren des Manifests (S. 36): „Das bedeutet, man wird widerspruchsfrei .... Geist, Bewusstsein,*

*Gefühle, Willensakte und Handlungsfreiheit als natürliche Vorgänge ansehen, denn sie beruhen auf biologischen Prozesse."* Es fragt sich bei dieser Behauptung, etwa in Hinblick auf die Willensfreiheit, wie es möglich ist, *„freie"* und *„unfreie"* biologische Prozesse voneinander zu unterscheiden. Aber vor allem ist die Vermischung von notwendigen und hinreichenden Bedingungen schwerwiegend, da in einem sehr trivialen Sinne alle menschlichen Leistungen *„auf biologischen Prozessen beruhen"*, denn man muss z.B. atmen, um etwas zu leisten, woraus jedoch nicht folgt, dass alle menschlichen Leistungen als Atmung *„angesehen"* werden können.

Hier zeigen sich also allzu einfache Verursachungstheorien.

Es wird sogar gesagt (S. 33): *„Geist und Bewusstsein sind nicht vom Himmel gefallen, sondern haben sich in der Evolution des Nervensystems allmählich herausgebildet … das ist vielleicht die wichtigste Erkenntnis der modernen Neurowissenschaften …"* Mit derartigen spekulativen Aussagen wird, vom Leser unbemerkt, der Übergang von der Naturwissenschaft zur Naturphilosophie und letztlich zur Metaphysik vollzogen. Und die evolutionsbiologische Aussage, dass das Bewusstsein sich im Laufe der Geschichte der Arten entwickelte, hat wenig zu tun mit einer neurobiologischen Aussage, dass wir das Funktionieren dieses Bewusstseins auch nur annähernd verstehen.

Aber schließlich folgt mit einem Anflug von epistemischer Selbstbegrenzung die überraschende Aussage (S. 33): *„…Nach welchen Regeln das Gehirn arbeitet; wie es die Welt so abbildet, dass unmittelbare Wahrnehmung und frühere Erfahrung miteinander verschmelzen; wie das innere Tun als ‚seine' Tätigkeit erlebt wird und wie es zukünftige Aktionen plant, all dies verstehen wir nach wie vor nicht einmal in Ansätzen. Mehr noch: Es ist überhaupt nicht klar, wie man dies mit den heutigen Mitteln erforschen könnte."*

Es ist in der Tat eine große Herausforderung, zu verstehen, *„ wie ein Gehirn seine zukünftigen Aktionen plant,"* denn wir kennen *„Planen"* nur beim Menschen und bei intelligenteren Tieren. Das sind jedoch komplexe Organismen, nicht einzelne, vom Körper abgekoppelte Organe, die weder Sinnes- noch Ausdrucksfunktione

*aufweisen. Ein Gehirn kann sich deshalb auch nichts „merken".*
*Die Eigenschaft, auf eine erneute Reizung stärker zu reagieren, ist*
*als solche ebenso wenig schon der Ausdruck einer*
*„Gedächtnisfunktion", wie es die Eigenart einer Fensterscheibe ist,*
*nach einem Steinwurf einen Sprung aufzuweisen. Beachtet man*
*diesen Unterschied nicht, so ist der Weg in einen allgemeinen*
*Animismus nicht mehr weit, der doch gerade durch die*
*Aufklärung, zu deren hartem Kern die Neurowissenschaft gehören*
*möchte, beseitigt werden sollte. Nicht das Gehirn erlebt, sondern*
*der Mensch.*

*Ein grundsätzliches Problem der Hirnforschung besteht also darin,*
*dass sie derzeit noch über keine differenzierte und übergreifende*
*Gehirntheorie verfügt. Sie muss daher mit fokalen Hypothesen*
*operieren, welche zu Schlussfolgerungen führen, die nicht selten*
*übermäßig generalisiert werden. Ein Beispiel dafür ist die Frage*
*nach der Sprache des Gehirns (S. 33):*

*„Um diesen Signalcode zu entschlüsseln, bedarf es wahrscheinlich*
*paralleler Ableitetechniken, die eine gleichzeitige Messung an*
*vielen Stellen des Gehirns erlauben". Es wird also wiederum auf*
*technologische Fortschritte gesetzt, wobei das prinzipielle Problem*
*übersehen wird, wie die damit gemessenen komplexen*
*Aktivitätsmuster „entschlüsselt" werden können. Die bei der*
*Analyse komplexer Datensätze anwendbaren mathematischen*
*Methoden steigern nämlich an sich und nach allem, was wir heute*
*wissen, den Erkenntniswert nicht wesentlich über die Aussage*
*hinaus, dass das Gehirn ein extrem komplexes dynamisches System*
*ist, dessen Besonderheiten bei neurologischen und psychiatrischen*
*Erkrankungen sich der unmittelbaren Anschauung noch immer*
*entziehen. Störungen wichtiger „Gehirnmarker" (EEG, evozierte*
*Potenziale) lassen sich häufig nur auf der Ebene mathematischer*
*Transformationen identifizieren. Des Öfteren fehlt dabei – und dies*
*ist wesentlich – das Verständnis der betreffenden*
*Wirkmechanismen. Die allgemeine Akzeptanz einer theoretischen*
*Neurobiologie, ähnlich der theoretischen Physik, ist demnach erst*
*in der Zukunft zu erwarten. Die Autoren des Manifests waren hier*
*weitaus optimistischer (S. 33):*

*„So wird sich neben der experimentellen Neurobiologie die theoretische Neurobiologie als Forschungsdisziplin durchsetzen, die dann ähnlich wie die theoretische Physik innerhalb der Physik eine große Eigenständigkeit besitzt.*

*Wir meinen, dass die obige Behauptung zwar auf eine sehr wünschenswerte, aber leider noch nicht erreichte Situation zielt. Bei diesem Projekt der Etablierung einer theoretischen Neurowissenschaft, die auf der Computational Neuroscience aufbauen kann, kommt der Einbindung der bereits interdisziplinär und durchaus mathematisch operierenden Systemforschung bzw. Systemwissenschaft eine Schlüsselrolle zu, insofern sie ausdrücklich den Systemcharakter des Gehirns berücksichtigt: Die zirkuläre, rückgekoppelte Kausalität im Gegensatz zur kaskadierten Kausalität und ebenso die unterschiedlichen Skalen, auf denen sich unterschiedliche Phänomene abspielen, sind Schlüsselprobleme im Verstehen der Gehirnprozesse, da vor allem durch verzögerte Rückkopplungsprozesse komplexe Aktivierungsmuster entstehen können. Eine entsprechende nichtlineare Dynamik kann bereits bei zwei unterschiedlich operierenden rückgekoppelten Elementen auftreten (Aktivator-Inhibitor-System). Zum Beispiel: Ein Aktivator eines zugeschalteten Inhibitors empfängt von diesem über die Rückkopplung eine Hemmung, welche die Aktivität des Aktivators mindert. Dies führt in der Folge zur Minderung der Aktivität des Inhibitors, sodass der Inhibitor mit seiner Rückkopplung den Aktivator wieder weniger hemmt, der nun wieder stärker aktiv werden kann usw. Ein solches Minisystem kann also oszillierendes Verhalten zeigen. Wenn man nun bedenkt, dass bei zirka $10^{11}$ Neuronen mit ihren insgesamt zirka $10^{14}$ Schaltstellen jedes Neuron durchschnittlich nach drei oder vier dazwischengeschalteten Neuronen wieder ein Feedback bekommt, dann wird verständlich, dass, solange die Hirnforschung noch nicht von starken Theorien mit zugehöriger Begriffsbildung geleitet wird, die gesamte neuronale Netzwerkdynamik unübersehbar und unverstehbar bleiben muss. Denkt man weiterhin an die Vielzahl der Gliazellen, dann wird das Ausmaß des Nichtverstehens der Prozesskomplexität des Gehirns noch deutlicher. Das war auch 2004*
*- , seit den Darlegungen von Kybernetikern wie Valentino von*

*Braitenberg und Heinz von Foerster - bereits 20 Jahre lang bekannt.*

*Woran es also fehlt, ist eine Fundierung der Neurowissenschaften durch eine systemische Methodologie, die nicht nur die äußerst potenten, aber damit oft komplizierten mathematischen Methoden nutzt, sondern auch die erkenntnistheoretische Seite des Verstehens komplexer, sich nicht linear verhaltender Systeme behandelt. Der kompetente Umgang mit Computersimulationen als Heuristik kann dabei ein wichtiges Hilfsmittel sein. Mathematik als solche ist in diesem Zusammenhang nicht ausreichend, denn parallel dazu sind konzeptuelle Theorieentwicklungen nötig. Derartige Gehirntheorien müssten allerdings wieder auf die Ebene der Allgemeinverständlichkeit und des qualitativen Verstehens zurückgeführt werden können, damit die notwendig interdisziplinäre Arbeit insgesamt Erkenntnisgewinne einbringt. Dies bedeutet nicht nur eine Herausforderung an die Mathematik, und zwar wegen der nötigen Interdisziplinarität auch in offener, gegenseitiger Verständlichkeit. Außerdem ist eine viel engere Zusammenarbeit zwischen Experiment und per se mathematisch ausgerichteter Theorie erforderlich.*

*7. Menschenbild – Gebiet der philosophischen Anthropologie*

*Die Autoren des Manifests glauben, dass die Neurobiologie das Menschenbild verändern wird (S. 36):*

*„Was unser Bild von uns selbst betrifft, stehen uns in sehr absehbarer Zeit beträchtliche Erschütterungen ins Haus." Man werde ja erkennen und verstehen, „wie [das Gehirn] das innere Tun als ‚seine' Tätigkeit erlebt … und wie es zukünftige Aktionen plant … (S. 33). Diese Aussage lässt erkennen, dass hier der Mensch mit seinem Gehirn gleich gesetzt oder darauf reduziert wird. Es wird dem Gehirn die Fähigkeit des Organismus, des Menschen zugeschrieben, was ähnlich abwegig ist, wie einen Transistor bereits als Radio anzusehen. In der Alltagssprache ist es gang und gäbe, geistige Funktionen einzelnen Körperteilen („Meine Ohren können seine Reden nicht mehr hören!") oder sogar Außenobjekten („Mein Auto freut sich, wenn es diese Autobahn fährt") metaphorisch zuzuordnen. Ist das „neue Menschenbild", in dem nicht ich sondern mein Gehirn sieht, fühlt und Handlungen plant,*

99

*tatsächlich mehr als eine solche Metapher? Bringt uns die einfache Umschreibung der Funktionen vom Geist auf das Gehirn wirklich weiter? Was ist gewonnen, wenn wir sagen „Mein Mandelkern ist im Erregungszustand" statt „Ich fürchte mich"? Das metaphorische Denken ist für die Wissenschaft unentbehrlich, aber es lassen sich damit keine sachlichen Zusammenhänge begründen. Es ist, wie Bennett und Hacker (2003) sagten, völlig in Ordnung, vom „Fuß" eines Berges zu sprechen, solange man nicht nach dessen Schuh sucht.*

*Allerdings ist im Manifest auch Bescheidenheit zu erkennen (S. 36): „Insbesondere wird eine vollständige Beschreibung des individuellen Gehirns und damit eine Vorhersage über das Verhalten einer bestimmten Person nur höchst eingeschränkt gelingen. Denn einzelne Gehirne organisieren sich aufgrund genetischer Unterschiede und nicht reproduzierbar Prägungsvorgänge durch Umwelteinflüsse selbst, und zwar auf sehr unterschiedliche Weise, individuellen Bedürfnissen und einem individuellen Wertesystem folgend." Hier werden plötzlich neben rein biologischen Ursachen die Ursachen ganz anderer – sozialer, ethischer – Ebenen eingeführt (Werte), und das bedeutet, dass die Autoren bereit sind, ihr gerade aufgebautes hirndeterministisches Menschenbild zugunsten eines anderen, integrativen aufzugeben, denn „Geisteswissenschaften und Neurowissenschaften werden in einen intensiven Dialog treten müssen, um gemeinsam ein neues Menschenbild zu entwerfen" (S. 37).*

*Diesem Satz stimmen wir vollständig zu, aber es genügt nicht, ihn als Fußnote wissenschaftlichen Erklärungen hinzuzufügen. Denn dieser Dialog muss organisiert und institutionalisiert werden, aber zunächst nur, um zu überprüfen, ob wirklich ein neues Menschenbild erforderlich ist. Es sind vielmehr wesentliche neurowissenschaftliche Befunde mit Fachvertretern zu diskutieren, die aus verschiedenen Bereichen kommen und die jeweils einen Einblick in einen anderen, angrenzenden Bereich haben. Auf diese Weise wäre die erforderliche integrative Interdisziplinarität realisierbar und nicht nur eine assoziative Interdisziplinarität. Das allerdings wird durch die bisweilen zu starre fakultäre Struktur von*

*Universitäten behindert – beispielsweise wären hier interdisziplinäre Zentralinstitute hilfreich!*

## 8. Disziplinäre Zuständigkeit

*Welche wissenschaftlichen Disziplinen sind den Neurowissenschaften zuzuordnen? Genügt es, einfach den gemeinsamen Gegenstand, nämlich das Gehirn als Kriterium zu wählen? Welche Position haben dann die Psychologie und jene Disziplinen, die über das Medium Sprache mit den Versuchspersonen arbeiten und dabei also nur indirekt Hirnfunktionen und nicht etwa elektrische Gehirnaktivität messen und prüfen? Ist ein derartiger Methodenmix hinreichend aussagekräftig? Diese Fragen lassen sich durch die Analyse der spezifischen Fachbegriffe, Methoden und Modelle klären. Dabei sind die Mathematik und Methodik der Systemwissenschaft mitihrerKompetenz der Analyse komplexer dynamischer Systeme äußerst hilfreich.*

*In Hinblick auf diese Aufgaben erscheint uns vor allem die Einbindung der Philosophie wichtig, insofern sie eine jahrhundertelange Erfahrung mit Grundfragen zu unserem Wissen von der Welt hat, und im Besonderen zu Fragen des Menschenbildes (philosophische Anthropologie), der Ethik und der Wissenschaftstheorie wertvolle Erkenntnisse einbringen kann. Eine Aufgabe der Philosophie ist, alltagsweltliche und wissenschaftliche Weltbilder zu verbinden, auch was ethische Aspekte betrifft.*
*Philosophie kann auf diese Weise den Neurowissenschaften vor allem Anregungen zur Nachdenklichkeit geben, um der Gefahr eines methodisch-technischen Aktionismus und drohender Überinterpretation naturwissenschaftlicher Befunde zu begegnen. Diese philosophische Betrachtungsweise fehlt im Konzept der Neurowissenschaftler, so wie sie sich im Manifest äußerten.*

*Wir meinen daher, dass eine weitgefasste Neurobiologie, die experimentelle, klinische und theoretische Arbeitsansätze beinhaltet, gemeinsam mit der Psychologie, der Systemwissenschaft und der Philosophie die beste Basis für eine nachdenkliche („reflexive") Neurowissenschaft bzw. für eine interdisziplinär fundierte*

101

*„Neurophilosophie" ausmacht, die nötig ist, die Neurobiologie bei ihrer weiteren Entwicklung zu begleiten. Multidisziplinär qualifizierte Akteure in dieser Plattform der Nachdenklichkeit könnten eine bessere Anschlussfähigkeit garantieren, um nicht in Einseitigkeiten und Polarisierungen unnötig Kräfte zu verlieren. Diese Praxisform einer auf Kooperation ausgerichteten Neurowissenschaft wäre sogar als „nichtreduktive" Neurowissenschaft zu bezeichnen.*

### 9. Fazit: Auf dem Weg zu einer reflexiven Neurowissenschaft

*Jetzt scheint ein wichtiger Zeitpunkt der Zäsur des damals im Manifest Angedachten zu sein. Es zeigt sich als entscheidender Mangel, dass bislang keine empiriegestützte Gehirntheorie im Sinne einer umfassenden Gesamtschau entwickelt werden konnte. Angesichts beeindruckender Fortschritte der formalen Methoden in der Hirnforschung scheint dies eine seltsame Behauptung zu sein. Die Erfolge der mathematisch begründeten Neurowissenschaften beschränken sich jedoch auf die Vorhersage wohldefinierter sensorischer und kognitiver Leistungen. Von einer Erklärung der gesamten subjektiven Aspekte der Hirntätigkeit (im Manifest: „Geist, Bewusstsein, Gefühle, Willensakte und Handlungsfreiheit") sind wir jedoch noch immer weit entfernt. Die Klärung der entsprechenden Begriffe versuchen die Philosophie und die Geistes- und Gesellschaftswissenschaften seit langem. Die erfolgreiche Theorieentwicklung in den Neurowissenschaften kann daher nur auf einer interdisziplinären Basis stattfinden. Das setzt aber voraus, dass sowohl Geisteswissenschaftler den empirischen Wissenschaften offen gegenüberstehen müssten, wie sich auch Hirnforscher von den Spuren einer Missachtung gegenüber den nicht-experimentierenden Wissenschaften befreien sollten. Einige dieser Wissenschaften mögen arm an empirischen Daten sein, sie können aber dafür wichtige Kompetenzen in der kritischen Interpretation der Befunde, in der sorgfältigen Formulierung der empirisch zu erforschenden Fragen besitzen, die, wie wir sehen, der noch jungen Hirnforschung so oft fehlen. Interdisziplinarität als integrierte Kultur ist also nötig; weder eine „friedliche Koexistenz" verschiedener (neurobiologischer, psychologischer, philosophischer) Ansichten noch assoziative Konsortien reichen aus. Transdisziplinarität, die auch die praktischen Erkenntnisse der klinischen Neurofächer einbindet, wäre allerdings besonders wertvoll. Auf diese Weise könnten Neurowissenschaftler in einer nichtreduktiven Weise mehr der nötigen Nachdenklichkeit praktizieren und eine „reflexive Neurowissenschaft" realisieren. Die Unterzeichner des vorliegenden Textes bemühen sich seit mehreren Jahren um einen derartigen inter- und transdisziplinären Diskurs und sehen dieses Memorandum als Anstoß, diesen Diskurs zu konsolidieren.*

*https://www.psychologie-heute.de/gesundheit/artikel-detailansicht/42273-memorandum-reflexive-neurowissenschaft.html . Aufruf 11/2022*

Das war das Statement in eigener Sache. Wie gehabt ist allein die mittlere Ebene des Gehirns, faktisch die *Meta-Daten-Bank,* jenes cerebrale Areal, welches alles Geschehen steuert und das ureigenste Selbst des Gehirns darstellt, nicht zu definieren.

Trotz High-Tech-Unterstützung hochauflösender Gerätschaften, Computer-gestützter Untersuchungs-verfahren und subtilsten Messmethoden wird auch in nächster Zukunft die Frage offen bleiben, wer wir sind, was wir sind. Ob wir das nun akzeptieren können oder sich weiter in unserer lauwarmen Komfortzone suhlen wollen: Es ist unsere Entscheidung. Erklärungsversuche hinsichtlich

bestimmter Erkrankungen wie Morbus Parkinson, Alzheimer, der multiplen Sklerose oder auch der Depressionen warten noch heute geduldig auf eine Antwort. Zelluläre Ebene hin, molekulares Geschehen her. Die medikamentöse Therapie mit Antidepressiva und anderen Medikamenten ist auch nicht so berauschend, wie es meist, wen wundert es, von den sie vertreibenden Pharmakonzernen, beschrieben wird. Es ist, wie so oft in der heren Medizin, ein herumstochern im dichten Nebel. Denn, je mehr im Detail geforscht wird, um so komplexer wird die ganze Angelegenheit. Ob denn tatsächlich alles auf biologischen Prozessen basiert, bleibt bei allem Respekt vor der Thematik, abzuwarten. Ohne hier esoterisch werden zu wollen: die Metaphysik wird eine tragende Rolle spielen. Wir sehen es im Moment nur noch nicht, da ein Großteil der Menschheit immer noch dem Materiellen  verfallen ist. Und ein anderer, nicht zu vernachlässigender Anteil, ist schlichtweg am verblöden.
Wir werden nichts finden. Das Gehirn von A.R.Tschikatilo war normal, wie auch immer. Was nun? Es ist aber auch eine Crux mit dieser Thematik. So richtig findet sich nichts. Sollte wenigstens die pädophilie Neigung des Andrei Tschikatilo eine objektive Ursache haben? Aber auch hier bin ich mehr als skeptisch.

## Freitag, 29. Mai 2015

### Wissenschaftlich nachweisbar :Pädophile Täter haben andere Hirnstrukturen

**Männer mit pädophilen Neigungen müssen nicht zwingend zum Täter werden. Doch was macht den Unterschied im Kontrollverhalten aus? Hirnforscher haben danach gesucht - und eine Antwort gefunden.**

Pädophile Männer, die zum Täter werden, haben offenbar charakteristische neurobiologische Veränderungen im Gehirn. Darauf deuten erste Ergebnisse einer dreijährigen Studie hin, die Vertreter des bundesweiten Forschungsverbundes NeMUP in Berlin vorstellten. Untersucht wurden dazu insgesamt mehr als 240 Männer mit und ohne pädophile Neigungen. In beiden Gruppen waren auch Männer, die sich an Kindern vergriffen hatten.

Professor Henrik Walter, Direktor des Forschungsbereiches "Mind and Brain" an der Berliner Charité, erklärte, dass für den Zusammenhang von Pädophilie und Täterschaft offenbar das Volumen des sogenannten Mandelkerns eine Rolle spielt. Der Mandelkern (Amygdala) ist für die Steuerung von Emotionen wichtig, speziell von Angst und Aggressionen. Auch andere Hirnregionen *zeigen demnach Volumenunterschiede, allerdings nicht so deutlich. "Damit scheinen objektivierbare Befunde bei Männern mit sexuellen Präferenzbesonderheiten in greifbare Nähe zu rücken", sagte Walter.*

*Grundsätzlich lassen sich der Studie zufolge pädophile Männer von nicht-pädophilen anhand von Hirnaktivierungen durch unterschiedliches Stimulusmaterial unterscheiden, stellten die Forscher fest. Dieser Befund alleine lasse aber nicht automatisch auf eine verminderte Verhaltenskontrolle schließen. "Die Erkenntnisse bestätigen unsere These, dass eine pädophile Neigung nicht gleichzusetzen ist mit sexuellem Kindesmissbrauch. Es gibt im Gehirn eigene Regionen, die für die Verhaltenskontrolle zuständig sind", ergänzte der Berliner Sexualmediziner Professor Klaus Beier von der Charité, der auch das Präventionsprojekt "Kein Täter werden" initiiert hat.*

*In dem vom Bundesforschungsministerium geförderten NeMUP-Verbund (Neural Mechanisms Underlying Pedophilia) arbeiten Forscher der Hochschulen in Hannover, Berlin, Duisburg/Essen, Kiel und Magdeburg zusammen.*

**Quelle: n-tv.de , Wissen**

*Viel mit wenig Worten kurz anzeigen können, das ist Kunst und große Tugend.*
*Thorheit aber ist`s, mit viel Rede nichts reden. ( Martin Luther )*

Wieder nichts revolutionäres und schon gar keine Aufbruchstimmung in Sicht. Die Fachkollegen vom Neurowissenschaftlichen Manifest hinterlassen hier auch ihre besten akademischen Grüße. Es ist aber auch ein Ärger mit diesen ganzen Erkenntnissen und Theorien. Bedauerlicherweise lassen sich aber momentan jedenfalls keine neuen semantischen Begrifflichkeiten einbauen und so muss das althergebrachte wieder mal den Kopf hinhalten. Schnee von gestern wird aufgepeppt und soll den fragenden Mitmenschen als frisch gefallener Neuschnee verkauft werden. Das der akademische Schlitten darauf aber auch nicht besser fährt, bedarf kaum der Erwähnung. Aber in bester traditioneller Manier und universitärer Rigidität wird eine großartige Mitteilung dem breiten Publikum serviert die höchstens den Charakter einer Marginalie aufweist. Aber ich will den Leser nicht weiter langweilen und schon die nächste Publikation zum arg strapazierten Problemthema Pädophilie präsentieren.

## Gehirn pädophiler Männer reagiert anders auf Kindergesichter
### Kiel · 21.05.2014

*Nicht jeder, der ein Kind vergewaltigt, ist pädophil. Forscher haben nun vielleicht eine Möglichkeit gefunden, um genaue Diagnosen zu erstellen.*

*Pädophile Männer reagieren stärker auf Kindergesichter als ihre Geschlechtsgenossen. Dies kann man auch an der Hirnaktivität feststellen, wie eine Studie des Kieler Sexualforschers Jorge Ponseti ergab. Ob mittels der Hirnreaktion eine objektive Diagnose der Pädophilie möglich sei, werde aber noch untersucht. Die Ergebnisse veröffentlichten Ponseti und Kollegen jetzt in den „Biology Letters" der britischen Royal Society. „Wir haben die Hirnaktivität von pädophilen Männern und gesunden Vergleichspersonen betrachtet, während diese sich Bilder von Gesichtern unterschiedlich alter Menschen angesehen haben", sagte Ponseti vom Institut für Sexualmedizin und Forensische Psychiatrie und Psychotherapie am Universitätsklinikum in Kiel. Die Forscher nutzten dafür die funktionelle Magnetresonanztomographie. Das Ergebnis: Pädophile zeigten mehr Aktivität in*

*gesichtsverarbeitenden Hirnarealen, wenn sie*
*Kindergesichter anschauten.*

*Bei gesunden Erwachsenen erhöht sich die Aktivität in*
*dieser Hirnregion, wenn sie Gesichter von Menschen*
*sehen, die zu ihrer sexuell bevorzugten Gruppe*
*gehören, wie der Psychologe Ponseti sagte. Dies sei*
*schon länger bekannt. „Wenn ich als heterosexueller*
*Mann das Bild einer Frau sehe, dann wird mein*
*gesichtsverarbeitendes Areal stärker aktiv, als wenn*
*ich das Gesicht eines Mannes sehe." Jetzt konnten die*
*Forscher ein analoges Muster bei Pädophilen*
*feststellen. Therapien könnten verbessert werden.*
*„Offenbar haben menschliche Gehirne einen*
*Mechanismus, mit dem sie das Alter einer Person am*
*Gesicht einschätzen können und dementsprechend*
*unterschiedliche Verhaltensprogramme aktivieren."*
*Die Hirnaktivität sei bei Pädophilen in denselben*
*Bereichen erhöht gewesen, wie bei den gesunden*
*Männern, aber unter anderen Vorzeichen.*

*Ob mittels der Hirnreaktion auf Kindergesichter eine*
*objektive Diagnose der Pädophilie möglich ist, wird*
*derzeit am Institut untersucht. Der praktische Nutzen*
*würde Ponseti zufolge vor allem in der*
*Therapieplanung liegen. Denn nicht jeder, der ein Kind*
*missbrauche, sei pädophil. Diese Diagnose treffe nur*

*auf etwa die Hälfte der Ersttäter zu. Die anderen vergingen sich an Kindern, weil ihnen der Kontakt zu gleichaltrigen Sexualpartnern fehlte.*

*Bei diesen Männern sehe die Therapie anders aus. Zu welcher Gruppe ein Täter gehöre, sei oft schwierig festzustellen. „Hier wird oft geschwindelt. Da ist eine objektive Messung hilfreich", so Ponseti.*

**Quelle: Nordkurier/Ratgeber Gesundheit**

„*Im Westen nichts Neues*" um dies einmal mit dem Romantitel des im Jahre 1929 von Erich Maria Remarque erschienenen Buches zu kommentieren. Ein ganz typisches Paradebeispiel der Medizin, wie (fast) immer, von einer Hirnaktivität auf eine vermeintliche Kausalität oder doch wenigstens auf einen Auslöser zu Schlussfolgern.

Gewiß kann angeführt werden, dass die vorgenannten Publikationen mehr populärwissenschaftlich verfasst sind, einer ausführlichen Darstellung bedürfen, welches Studiendesign angewendet wurde, aber auch wer überhaupt diese Studie in Auftrag gegeben hat? Doch diese Studie, wenn man sie so bezeichnen möchte, kann auch eben so gut eine Aussage darüber treffen, ob jemand lieber eine Curry-Wurst (meinetwegen auch mit Pommes frites) oder doch eher ein leckeres Schnitzel (meinetwegen auch vegetarisch) bevorzugt?

Darf Ich somit als unwissender Tor, der im (Neuro),-wissenschaftlichen Olymp umherwandelt, nicht annehmen, dass ein Curry-Wurst-Gourmet beim Anblick eines sauren Herings eine andere graphische Darstellung seiner Hirnaktivität aufweist, als wie jemand der eher den Fischgerichten zugeneigt ist? Und eben so darf ich dann wohl annehmen, das ein pädophil veranlagter Mensch differente Messdaten erzeugt als sein „normaler" Pedant? Ja was denn sonst? Und selbstverständlich wird sich bei einem pädophilen Menschen die Hirnaktivität erhöhen; nicht aber nur durch den bloßen Anblick eines Kindes, sondern wohl auch deshalb, weil sich schon lange vorher ein entsprechendes neuronales Muster gebildet hat! Das wird es wohl eher treffen!

Hier hätte man sich besser an ein Zitat des deutschen Rechtshistorikers Karl Eduard von Lindenthal gehalten der da zuruft:

*„Schweigen ist das Heiligtum derKlugheit".*

Ein gängiges wissenschaftliches Prinzip der Forschung ist es, nicht eine Behauptung zu beweisen, sondern zu falsifizieren. Es geht also in erster Linie nicht um die Bestätigung einer Theorie, sondern um ihre eventuelle Widerlegung. Nach diesem ureigenen wissenschaftlichen Reglement ist keine Theorie als unumstößlich anzusehen. Nirgends gibt es also feste und klare Theorien, so sie denn die Korrelation Falsifikation-Verifikation nicht erfüllen. Dieser kleine Ausflug in die Wissenschaftstheorie soll den Leser auf die nächste Publikation aufmerksam machen, die, so sie denn noch aktuell und uptodate ist, zeigt, dassw Wissenschaft nicht immer das ist, was Wissenschaftler machen und manches Mal der Teufel im Detail stecken kann; mit weitreichenden und recht ärgerlichen Konsequenzen.

### *Neuroforschung: Ein Fehler stellt Tausende Gehirnstudien infrage*

*Von Alwin Schönberger ( ) 24. 6. 2015*

-

*Eine Flut spektakulärer Studien bringt bunte Bilder von einer kleinen Hirnregion mit Ängsten, Depressionen und sogar politischen Einstellungen in Verbindung. Wiener Forscher zeigen jetzt: Es war wohl alles ein großer Irrtum - und die Fachwelt ist einer peinlichen Verwechslung aufgesessen. Die Forscher waren hellauf begeistert: Eine einzige Gehirnaufnahme genüge in Zukunft, um schwere seelische Leiden präzise vorherzusagen, schwärmten Psychologen der*

*amerikanischen Duke University Anfang Februar.*
*Mithilfe eines Magnetresonanztomografen, der die*
*Aktivität in einem kleinen Gehirnareal namens*
*Amygdala bildlich darstellte, wollten die Experten*
*ermittelt haben, wie anfällig Personen für*
*stressbedingte Erkrankungen sind - und in weiterer*
*Folge für Angststörungen oder Depressionen. In*
*dichter Abfolge wurden in den vergangenen Jahren*
*vergleichbare und scheinbar bahnbrechende Studien*
*aus der Neurowissenschaft publiziert, die humanes*
*Verhalten, Gefühle oder wichtige Entscheidungen des*
*Menschen mit einer Anregung bestimmter*
*Gehirnareale durch äußere Reize in Verbindung*
*brachten - durch Mimiken wie Freude, Trauer oder*
*Abscheu, Bilder ekeliger Spinnen oder durchdringende*
*Geräusche. Welche Stimuli all die Eindrücke in*
*unseren Nervenzellen auslösen, sollen jene Bilder*
*verraten, die entstehen, wenn Menschen in der Röhre*
*eines Magnetresonanztomografen liegen und ihr*
*Gehirn dabei gescannt wird. Die Aufnahmen sind auch*
*beliebte Sujets in vielen Medien: Stets sieht man die*
*typischen Reihen grauer Gehirnschnitte, wobei bunte*
*Flecken in einzelnen Bereichen anzeigen sollen, in*
*welchem Areal die Neuronen gerade feuern. Kaum eine*
*menschliche Regung, kaum eine Neigung, kaum ein*
*Verhaltensmuster, das nicht bereits im Hirn lokalisiert*

*worden wäre - von der räumlichen Orientierung bis zu einem mutmaßlichen Modul für die Religiosität.*

*Haben Republikaner andere Gehirne als Demokraten?*

*Die Amygdala, auch Mandelkern genannt, ist ein besonderer Hotspot dieses Forschungszweiges: Im limbischen System des Gehirns gelegen, gilt sie als eine Steuerzentrale für Emotionen, die besonders an der Entstehung von Angst sowie an der neuronalen Analyse von Gefahren beteiligt ist. Per funktioneller Magnetresonanztomografie (fMRI) wollen Wissenschafter über die Jahre wahrhaft Verblüffendes herausgefunden haben: So sollen Erregungsmuster in der Amygdala von Autisten belegen, dass ihnen Augenkontakt beunruhigende Gefühle beschert, weshalb sie direkten Blicken gerne ausweichen. Mediziner aus Harvard wiederum glauben, dass der Mandelkern mitentscheidet, wie wir über Straftäter denken: Erhalten wir einen besonders lebhaften und plastischen Bericht eines mit Vorsatz begangenen grausigen Verbrechens, soll dies im Wege einer emotionalen Stimulierung zu härteren Urteilen führen. Und selbst unsere politische Einstellung soll die Amygdala preisgeben: Angeblich fallen Republikaner durch höhere Erregungslevels in dieser Region auf und grenzen sich dadurch deutlich von Demokraten ab, die tendenziell weniger ängstlich sein sollen.*

*Rund 2500 Studien liegen inzwischen vor, für die sich Probanden in die beklemmende Enge von Hirnscannern zwängten, um das Aufflackern ihrer Amygdala-Neuronen observieren zu lassen. Doch nun zeigt sich: Möglicherweise waren der ganze Aufwand, all die Mühen, die Abertausenden von Stunden, die Menschen reglos in der Röhre verharrten, und die Flut der dadurch generierten Daten weitgehend vergeblich. "All in vein", wie der Blog "Neuroskeptic" jüngst spottete - ein treffendes Wortspiel, das darauf verweist, dass vermutlich Generationen chronisch enthusiasmierter Neuroforscher schlicht einer Verwechslung aufsaßen: Was sie für Aktivität in der Amygdala hielten, war in Wahrheit wohl nur der Blutfluss in einer Vene. Und viele der vermeintlich prickelnden Erkenntnisse über die lenkende Macht der Emotionszentrale stehen nun im Verdacht, auf krassen Fehlinterpretationen zu beruhen.*

*Es wäre eine ernsthafte Blamage für die internationale Hirnforschung - die zudem auf einer einzigen so sorgfältigen wie kritischen Studie beruht, welche vermeintlich gesichertes Wissen, das viele Meter Fachliteratur füllt, ins Wanken bringt. Diese soeben in den "Scientific Reports" des renommierten*

Fachjournals "Nature" publizierte Arbeit stammt von einem Wiener Forscherteam um den Medizinphysiker Ewald Moser. Professor Moser ist einer der Leiter des Exzellenzzentrums für Hochfeld-Magnetresonanz - und hat als solcher jenen Maschinenpark am Wiener AKH mitaufgebaut, der einer umfassenden Erforschung verschiedenster Erkrankungen und psychischer Phänomene dient. Zusammen mit den jungen Kollegen Roland Boubela, Klaudius Kalcher und weiteren Mitarbeitern, darunter Mediziner, Physiker und Statistiker, nahm Moser die scheinbar fantastischen Zusammenhänge zwischen emotionalen Reizen und behaupteten Erregungsmustern der Amygdala genau unter die Lupe. "Schwierig und langwierig" sei die Arbeit gewesen, sagt Moser, und man müsse das Engagement und die Ausdauer der Doktoratsstudenten betonen, die "nicht der Verlockung schneller und positiver Ergebnisse erlegen sind".

### Aussagekraft von 2500 Studien höchst fragwürdig

Sonderlich positive Resultate bietet die Studie tatsächlich nicht, die im Wesentlichen aus zwei Teilen bestand: Zunächst unterzogen die Wiener Forscher 16 Personen einem Experiment, das typisch für die heute populären Messungen von Hirnaktivitäten ist: Die Probanden sahen einerseits Bilder von Gesichtern, die etwa Furcht ausstrahlten, andererseits neutrale geometrische Formen. Während sie diese *verschiedenen Reize präsentierten, zeichneten die Forscher per Hirnscanner auf, wie das Neuronennetz der Versuchspersonen darauf reagierte - insbesondere, wie sehr jener Bereich tief im Gehirn auf die emotional stimulierenden Antlitze ansprach, in dem der Mandelkern sitzt. Zwecks höchstmöglicher Präzision verwendeten die Wissenschafter eine ganz moderne und empfindliche Technologie, die außerordentliche räumliche und zeitliche Auflösung gewährleistet - also in sehr schneller Abfolge auch winzigste Details registriert. Um sich jedoch nicht zum Vorwurf auszusetzen, nur dank besserer Technik abweichende Ergebnisse zu erzielen, werteten die Forscher in einer zweiten Etappe bereits bestehende Datensätze neu aus, die mit konventionellen fMRI-Apparaturen erstellt worden waren.*

*Doch egal, welche Methode man anwandte, wie man es auch drehte und wendete, das Ergebnis war stets gleich: Sämtliche registrierten Aktivitäten stammten nicht primär von der Amygdala, sondern von einem Blutgefäß namens Rosenthal-Vene, das in unmittelbarer Nähe verläuft. Folglich hatten die MR-Maschinen auch nicht die Reaktion unserer Emotionszentrale auf vor Angst entstellte Gesichter erfasst, sondern lediglich einen ablaufenden Blutfluss.*

*Deshalb ist die Aussagekraft von rund 2500 Studien zu diesem Thema nun höchst fragwürdig.*

*Um zu verstehen, wie hier - offenbar fortgesetzte - Missinterpretationen auftreten konnten, muss man wissen, wie Hirnscans üblicherweise zustandekommen, und man muss sich ein wenig mit der Gehirnanatomie befassen. Zunächst ist es wichtig zu erwähnen, dass die Aktivität in einer beliebigen Hirnregion gar nicht direkt beobachtet werden kann. Die bekannten bunten Bilder beruhen auf indirekten Messungen: Wenn wir denken, verbraucht das Gehirn Energie. Diese Energie beziehen wir aus Glukose, also aus Zucker, der über die Arterien angeliefert wird, und um diesen zu verstoffwechseln, braucht es Sauerstoff. Aktivität in einem bestimmten Gehirnareal ist demnach mit höherer Energie an dieser Stelle verbunden - und mit einem Abfall der Sauerstoffsättigung aufgrund der Energieverbrennung. Genau diese Sauerstoffschwankung kann im MR-Scanner detektiert werden. Gerät also - theoretisch - die Amygdala aufgrund eines Angstreizes in Aufruhr, sinkt dort aufgrund der entsprechenden Aktivität der Sauerstoffgehalt, und wenn man diesen biochemischen Prozess farblich markiert, sieht man den Mandelkern "aufleuchten".*

*Venen leuchten natürlich nicht beim Verbrennen von Hirnschmalz, aber sie sorgen für den Abfluss sauerstoffarmen Blutes (daher übrigens auch deren bläuliche Färbung), und zwar aus unterschiedlichen Hirnarealen, denen wiederum bestimmte kognitive Aufgaben zukommen. Im konkreten Fall dürften folgende Faktoren zum Tragen kommen: Die große Rosenthal-Vene windet sich um die Amygdala herum, umschlingt also quasi die Position des Mandelkerns. Die Grenzen zwischen den beiden sind unter Umständen gar nicht leicht zu erkennen, weil in der Neuroforschung im Regelfall nicht das Bild eines einzelnen Gehirns benutzt wird. Vielmehr legt man oft Dutzende Aufnahmen übereinander und gelangt zu einem Durchschnittswert. Diese Mittelungen aus vielen, aufgrund individueller Anatomie in Details voneinander abweichenden Gehirnen können dazu führen, dass die Übergänge zwischen den Hirnkomponenten "verschmieren", wie Moser sagt. So blickt man dann auf eine Vene - und hält sie für die Amygdala.*

*Doch warum registriert man dort Signale, wenn Versuchspersonen zum Beispiel mit ängstlichen Gesichtern konfrontiert werden? Auch diese Frage können Moser und seine Kollegen beantworten: Die Rosenthal-Vene transportiert, ähnlich einem Kanal,*

*Blut aus anderen Hirnzonen ab, darunter aus solchen, die an der Erkennung und Bewertung von Gesichtern beteiligt sind. Das bedeutet, dass die bisherigen Studien zwar auf indirektem Wege Hirnaktivität dokumentiert haben - allerdings eben nicht nur solche aus der Amygdala. "Es wäre absurd, das einfach zu ignorieren"*

*Aber wie kann es sein, dass eine einzige Studie, die bloß etwas genauer auf längst bekannte Zusammenhänge blickt, so viele Experimente in Zweifel zieht? Moser nennt zwei Ursachen: eine handwerkliche und eine psychologische. Allzu oft werde das komplexe und weitverzweigte venöse System aus Gründen der Übersichtlichkeit einfach nachträglich aus den Bildern ausgeblendet - und damit die Chance, eine Verwechslung überhaupt zu bemerken. "Es gibt aber extrem viele Gefäße im Gehirn", sagt Moser: "Es wäre absurd, das einfach zu ignorieren."*

*Zweitens seien auch Wissenschafter keineswegs davor gefeit, reinem Wunschdenken aufzusitzen. Naturgemäß wollen Forscher, vielfach wohl unbewusst, dass sich vielversprechende Thesen durch Studien bestätigen - und sehen in deren Verlauf eher das, was sie auch sehen wollen. Sie hoffen auf positive Resultate, weil dies klarerweise befriedigender ist als ein Flop, aber auch deshalb, weil Fachzeitschriften vorwiegend positive Ergebnisse abdrucken. Dass ein Experiment nicht funktioniert hat oder eine Annahme widerlegt ist, findet generell und quer durch die Disziplinen selten Eingang in hochrangige Journale - ebenso wie die peinliche Erkenntnis, dass ein paar Tausend Forscher auf der ganzen Welt die Amygdala mit einer Vene verwechselten. "Es war gar nicht leicht, das zu publizieren", berichtet Moser.*

*Als die Wiener Arbeit kürzlich doch erschien, fielen die Reaktionen gemischt aus. Manche zweifelten die Resultate an und verteidigten die eigenen vehement. Andere, vor allem Psychologen, zeigten sich hingegen interessiert und einsichtig hinsichtlich der Bewertung bisheriger Studien. Vielleicht war manch ein Psychologe oder Psychotherapeut auch gar nicht so unglücklich mit der Kernaussage der Wiener. Denn zuletzt hatte man fast den Eindruck gewinnen können, die klassische Psychologie, die Beurteilung des einzelnen Patienten im therapeutischen Gespräch sei dank hochpräziser und untrüglicher maschineller Vermessung unserer Nervenbahnen allmählich obsolet. Und nun das: Plötzlich wird die wachsende Selbstsicherheit der Neuroforscher, das blinde Zutrauen in Leistungsfähigkeit und Aussagekraft der*

*Hightech-Apparaturen ordentlich erschüttert - wenn auch nicht wegen eines Versagens der Technik, sondern aufgrund irriger Interpretationen der dabei gesammelten Daten.*

*Freilich legt Moser Wert auf die Feststellung, dass er und seine Kollegen keineswegs die Absicht gehabt hätten, die internationale Hirnforschung frontal anzugreifen: "Wir sagen nur: Passt bitte auf und schaut euch eure Daten genauer an." Immerhin habe man, konstruktiv betrachtet, nun auch Argumente und Werkzeuge geliefert, sodass nun jeder Wissenschafter die Möglichkeit habe, bisherige Ergebnisse neuerlich zu überprüfen. Insofern handle es sich auch nicht um ein endgültiges Desaster für die Neuroforschung, sondern um die Chance zur Korrektur bisheriger Übertreibungen und Verzerrungen. Zudem würden ja nicht die Funktion und Bedeutung der Amygdala als solche infrage gestellt - dass ihr eine wichtige Rolle im humanen Emotionshaushalt zukommt, bleibt unbestritten und ist auch anderweitig gut belegt, etwa durch elektrophysiologische Methoden.*

*Auf einer Metaebene könnte man die ganze Episode überhaupt positiv sehen: Schließlich zeigt sie eindrucksvoll, dass Wissenschaft permanent auf dem Prüfstand steht und die Validität ihrer Erkenntnisse*

*immer wieder unter Beweis stellen muss - und dass*
*diese gnadenlos in Diskussion geraten, sobald jemand*
*plausibel den experimentellen Gegenbeweis an*

Zu diesem Artikel konnte ich bis zur Niederschrift dieser Zeilen kein entsprechendes Statement der zuständigen Wissenschaften finden. Einerseits kann ausgeführt werden, das ja prinzipiell nichts falsch gemacht wurde, ganz grob gesagt, andererseits kann deklariert werden das zuviel Vertrauen in High-tech-Bildverfahren auch nicht allzu ratsam ist und stets evaluiert und überprüft werden sollten. Hierzu ein anderes Beispiel aus der Kardiologie, jenem Teilgebiet der Medizin welches sich mit dem Herzen und seinen Erkrankungen befasst. Der italienische Pathologe und Kardiovaskular-spezialist Prof. Dr. Baroldi aus Mailand entdeckte nach jahrzehntelanger Forschungstätigkeit und Studien, dass schon von Geburt an im menschlichen Herzen die Anlage festgelegt ist, das Stenosen (Verengungen ) der Koronararterien durch Umgehungskreisläufe nahezu vollständig kompensiert werden. Diese nehmen sogar proportional zum Ausmaß der Stenose zu und sind kreuz und quer im Herzmuskel vorhanden. Zunächst wurde diese Entdeckung in der Medizin hochgepriesen und war praktisch anerkannt. Doch dann, rein aus commerziellen und finanziellen Erwägungen, nicht zuletzt auch durch zunehmenden Druck seitens der forschenden Pharmaindustrie, geriet Baroldi ins Abseits und wurde abgemeldet. Dieser eklatant-evidente wissenschaftliche Fauxpas ist ein Skandal ohne gleichens und in seiner Endkonsequenz absolut letal. Er kostet vielen herzkranken Menschen das Leben weil falsch therapiert wird obwohl wissenschaftlich korrekte und einwandfreie nachvollziehbare Studien vorliegen. Stattdessen wird mit fast nutzlosen Medikamenten therapiert und herzchirugisch interveniert was die Skalpelle hergeben und die Herzkatheterschläuche aushalten. Die traurigen Statistiken zu diesen „Therapien" kann jedermann einsehen. Kümmern tut es die Medizin wenig. Unverdrossen wird mit dem Leid und dem Leiden vieler Betroffener weiterhin sehr gut verdient. Ohne das sich Schamesröte im Gesicht zeigt, erklären Kardiologen dem Patienten heute noch veraltete Lehrmeinungen aus dem 17.bzw. 18. Jahrhundert. Zurück zur Amygdala. Sollte hier aber auch nur die Rosenberg-Vene eine verzwickte Rolle spielen, so ist noch lange nicht die endgültige Funktion des Mandelkerns erklärt. Denn nach wie vor sind noch übergeordnete Strukturen und weitverzweigte Korrelationsmechanismen zu bedenken. Wie bekannt ist kein Geschehen im Körper, stofflicher oder mentaler Art, als autarke Funktion zu betrachten. Fast zahllose andere Systeme spielen hierbei eine Rolle und ergänzen oder vervollständigen sich. Damit möchte ich dieses Kapitel über die Pädophilie abschliessen. Noch zuletzt ein Wort zur Therapie wobei sich dies auf psychotherapeutische /verhaltensstrategische und medikamentöse Behandlung erstreckt. Da bekanntermaßen keine „richtigen" Ursachen bekannt sind beschränkt sich alles wieder nur auf vermeintlich individuelle, soziale oder auch biologische Ursachen. Wie gelesen aber völlig zu unrecht. Dazu dann abschließend ein gedrucktes Interview damit wir das ganze auch noch mal aus berufenerem Munde hören bzw. lesen als dem vermeintlich meinem.

### *Therapie bei pädophiler Störung –*

###### –

*Interview mit Prof. Peer Briken, Direktor des Instituts für Sexualforschung und Forensische Psychiatrie des Uniklinikums Hamburg-Eppendorf und Leiter des Projekts „Prävention sexuellen Kindesmissbrauchs" in Hamburg.*

**Herr Prof. Briken, das Präventionsprojekt „Kein Täter werden" startete 2005 in Berlin und existiert mittlerweile in sieben Städten. Warum ist es so erfolgreich?**

*Viele Männer mit einer pädophilen Störung trauen sich nicht zum Arzt zu gehen. Sie wissen, dass dort die Krankenkassenkarte durchgezogen wird, und ihre Daten dokumentiert werden. Das schreckt viele ab. Unser Projekt hingegen läuft außerhalb der Kassen, und damit sprechen wir einen Kreis an, der sonst nicht zur Behandlung käme. Unsere Patienten kommen freiwillig.*

**In einem Jahr hatten Sie ca. 160 Anfragen, davon 100 von möglichen Patienten. Rufen die Männer einfach an und sagen: „Hallo, ich bin pädophil"?**

*Die meisten Männer haben uns aus eigener Motivation angesprochen, z. B. per Mail oder Telefon. Darüber hinaus kontaktierten uns Ärzte, Therapeuten oder Beratungsstellen. Zehn Prozent der Anfragen kamen aus der Familie, etwa von einer Ehefrau, die gemerkt hat, dass sich ihr Mann Kinderpornografie anschaut.*

**Was passiert bei der Psychotherapie?**

*Ziel ist, dass die Männer ein Problembewusstsein entwickeln und ihr Verhalten ändern. Die Therapeuten motivieren sie, Risikosituationen wie Spielplätze zu meiden, kein Kinderfernsehen zu schauen oder auf das Betreuen von Kindern im Sportverein zu verzichten. Gleichzeitig versuchen wir mit den Patienten*

126

*Alternativen zu entwickeln, andere Beziehungen aufzubauen. Günstigenfalls können sich sexuelle Beziehungen zu erwachsenen Frauen oder Männern entwickeln. Aber: Je stärker fixiert das sexuelle Interesse auf Kinder ist, desto schwieriger ist das. Gegebenenfalls muss dann die Kontrolle des Mannes über seine sexuell dranghaften Bedürfnisse verbessert werden. Allerdings haben wir zum Glück ja auch noch andere Bedürfnisse als sexuelle, z. B. nach Freundschaft oder gemeinsamer Freizeit. Da Alternativen zu entwickeln, ist ebenfalls ein wichtiger Teil der Therapie.*

**Setzen Sie auch Medikamente ein?**

*Sie denken jetzt sicher an Stoffe, die hochdosiert eine medikamentöse „Kastration" hervorrufen, zum Beispiel den Testosteron-Antagonisten Cyproteronacetat oder den GnRH-Agonisten Triptorelin. Ja, die setzen wir ein, aber sehr selten. Der Erfolg ist unterschiedlich. Männer, bei denen das sexuelle Interesse sehr dranghaft war, sind oft erleichtert, dass sie sich jetzt endlich mit etwas anderem beschäftigen können. Andere leiden dagegen sehr unter dem Verlust ihrer Sexualität. Häufiger und als erstes Medikament geben wir Selektive Serotonin-Reuptake-Hemmer (SSRI).*

**Also ganz normale Antidepressiva?**

*Ja. Wir nehmen an, dass SSRI über drei Mechanismen wirken: Einmal verbessert das vermehrt als Neurotransmitter zur Verfügung stehende Serotonin die eigenen Kontrollfunktionen. Personen mit pädophilem Interesse können ihre Impulse besser kontrollieren. Außerdem gibt es Hinweise, dass Missbrauchshandlungen oft im Zusammenhang mit negativen Stimmungen auftreten, sozusagen als Kompensation, um mit schlechten Gefühlen besser klarzukommen. Auch dagegen wirken die Antidepressiva bekanntermaßen. Und schließlich haben sie die Nebenwirkung, dass sie die Libido senken. Ohne eine begleitende Psychotherapie haben aber Medikamente keinen Sinn.*

**Warum werden Menschen pädophil?**

*Diese Frage hat mich v. a. am Anfang meiner Arbeit mit pädophilen Patienten sehr bewegt. Antworten darauf lassen sich nur individuell finden. Manche Männer sprechen kaum über ihre Lebensgeschichte. Für sie „war es schon immer so". Allerdings kennen wir Merkmale, die gehäuft bei Männern mit pädophilen Interessen auftauchen: Ein guter Teil der Patienten ist früher selbst sexuell missbraucht worden. Häufig verbinden die Männer ihre ersten sexuellen*

*Erfahrungen mit Scham und Verboten. Viele wurden in der Schule gehänselt. Oft scheint es, als ob die sexuelle Entwicklung dann nicht mehr weitergeht und einfach „einfriert", und die Männer in einer kindlichen Welt bleiben.*

**Stimmt es, dass pädophile Menschen kaum Gewalt gebrauchen?**

*Das hängt sehr von der Definition von Gewalt ab. Die Anwendung physischer Kraft kommt seltener vor. Aber nicht zu vergessen ist Gewalt, die durch psychische Kraft ausgeübt wird. Ein Kind kann nicht vollumfänglich in eine sexuelle Handlung mit einem Erwachsenen einwilligen, sodass immer ein Machtgefälle zwischen ihm und dem Erwachsenen bleibt. Viele pädophile Männer haben ein Bedürfnis nach Nähe, kindlicher Unbeschwertheit, Sorglosigkeit. Sie identifizieren sich stark mit der kindlichen Welt und vermischen dies mit ihren sexuellen Wünschen. Ihre Wahrnehmung kann dabei so verzerrt sein, dass sie wirklich glauben, die Kinder würden die sexuellen Handlungen auch wollen.*

**Neigen pädophile Menschen dazu, Lehrer oder Erzieher zu werden?**

*Das kann man so nicht sagen. Bei einer kleinen Gruppe von Männern stehen die Missbrauchsfälle zwar im Zusammenhang mit ihrer Arbeit, z. B. in einem Sportverein. Aber deshalb gibt es noch keinen Grund, Erzieher und Lehrer unter Generalverdacht zu stellen. Die meisten Missbrauchshandlungen finden im Familienund Freundeskreis statt. Taten durch Fremde sind seltener.*

### Wie beurteilen Sie den Erfolg des Projektes?

*Wie viele Kinder wir letztendlich vor einem Missbrauch bewahren, lässt sich nicht messen. Was wir aber feststellen, ist, dass sich bei den Männern die Risikofaktoren im positiven Sinne verändern. Wir sehen z. B., dass sich das Selbstwerterleben, die Fähigkeit zur Selbstregulation, die Beziehungsfähigkeit und das Verständnis für Risikosituationen verbessern.*

Aus der Zeitschrift Via medici 2013; 18(06
https://www.thieme.de/.../psychiatrie.../therapie-bei-paedophiler-stoerung-

Mit den nachfolgenden Zeilen, möchte ich dem Leser zeigen, das nicht nur die Neurowissenschaften bzw. Medizin ihre argen Probleme und Schwierigkeiten aufweisen. Alle die Wissenschaften die sich mit der Entstehungsgeschichte des Menschen, seiner Herkunft und seinem Werdegang befassen, zeigen hochsignifikante Defizite und Fehlbeurteilungen auf. Da verwundert es kaum, das eine Theorie oftmals der anderen widerspricht und die Gralshüter der Wissenschaften diesen Unsinn dann noch dem staunenden Mitmenschen als spektakuläre wissenschaftliche Erkenntnis verkaufen.

Es geht hier nicht um ein verunglimpfen oder kompromittieren von wissenschaftlichen Theorien oder Statements; allein einen Fehler einzugestehen von entsprechender Seite wäre schon ein großer Fortschritt. Aber diesen Charakterzug wird man höchst selten finden.

So möchte ich dann den Leser einmal fernab von Neurowissenschaften und ihren Erkenntnissen zum Serienmörder darüber informieren, was die wissenschaftlichen Kollegen anderer Abteilungen so alles fabrizieren.

Wir werden etwas über Wissenschaft im Allgemeinen und ihre speziellen Fachabteilungen im Besonderen erfahren. Höchst interessant, wie ich finde.

Eine Definition von Wissenschaft ist z. B. „*das auf den Zusammenhang der Dinge Gerichtete, die dinghaften oder geistigen und kulturellen Erscheinungen methodisch erforschende, d. h. Ordnende, erklärende, begründende und wertende Erkenntnisverfahren.*"

Eine andere Worterklärung besagt, dass Wissenschaft die „*Summe der logisch geordneten Erkenntnisse über ein bestimmtes Gebiet*" sei, welches „ *eine Anzahl an Erfahrungstatsachen umfasst, die durch Hypothesen und Theorien miteinander ergänzt und verbunden werden."*

Der Begriff Theorie leitet sich ab vom griechischen *„theorein"*, wörtlich: die *„Schau des Göttlichen"* oder *„Anschauung, Beobachtung* oder *„Betrachtung"*. Nach dem griechischen Philosophen Aristoteles (384 – 322 v. Chr.) war Theorie die Fähigkeit der Vernunft zur Erfassung der höchsten Begriffe und Urteile, zu denen das induktive (vom Besonderen aufs Allgemeine schließende) Forschen führt. Eine heutige allgemeine Definition versteht unter Theorie ein *„System wissenschaftlich begründeter Aussagen zur Erklärung bestimmter Tatsachen oder auch Erscheinungen und der ihnen* zugrunde *liegenden Gesetzmäßigkeiten".* Unter *„Hypothese"* versteht man Letztendlich einen **Prototypen einer Theorie**, also eine **unbewiesene Annahme**, die bestätigt wird oder sich als falsch herausstellt. Nachfolgend beschreibe ich anhand von drei Beispielen , was in verschiedenen wissenschaftlichen Disziplinen unter *„Wissenschaft"* so alles verstanden wird.

Beginnen wir mit der medizinischen Wissenschaft. Seit ewigen Zeiten postuliert ihre kardiologische Teildisziplin, dass sogenannte Myokardinfarkte (Herzinfarkte) durch verstopfte Herzkranzgefäße, Thrombosen oder Embolien, und seltener,durch sogenannte Gefäßspasmen(Krämpfe) verursacht werden. Dies stützt sich, und der Leser liest das richtig, unter anderem auf Beobachtungen und Experimente aus dem 17. Jahrhundert. Kurze Zeit darauf wurde aber schon erkannt, und bis heute durch zahllose Studien belegt, dass diese Herzerkrankung und ihre Ursachen im neuropsychischen Kontext zu suchen ist: Letztendlich handelt es sich um ein reines Stoffwechselproblem des Herzmuskels, der praktisch übersäuert und abstirbt. Dennoch rückt die Medizin von ihrer antiquierten Ansicht nicht ab und verteidigt aus reiner Profitgier diese längst überholte Theorie der verstopften Arterien. Natürlich zählen auch hier einmal mehr die Interessen der Pharmaindustrie, einer raffgierigen Herzchirurgie und die Angst der Hochschulmedizin, diesen Irrtum einzugestehen.Dies ist nicht polemisierend gemeint, sondern grausame Realität. Abgesehen davon: unser leckeres Frühstücksei und sein Cholesterin waren nach der gängigen Lehrmeinung für verheerende Schäden im Organismus verantwortlich. Heute muss dann die Medizin kleinlaut diesen „*Irrtum*" eingestehen und ad absurdum führen.

*Irrungen – Wirrungen,* meint Theodor Fontane

Aber ebenso erhält man in fast allen Bereichen der Krankheits-Ätiologie die unisono vorgetragene Antwort, dass Erkrankungen oftmals multi-faktoriell bedingt seien. Besser gesagt, man *weiß es nicht* so genau. Ein anderes Mal, und heute aktueller denn je, heißt es, den Dingen auf der molekularen Ebene zu Leibe zu rücken oder die Gene wären schuld. Doch auch das ist müßig. Denn jede Ursache hat wiederum eine Ursache. Dieses Gesetz der Kausalität ist bis heute, Gott sei Dank, allseits anerkannt.

Bis heute hat die sog. HighTech-Medizin, die Organe verpflanzen kann und aufgrund der Genanalyse eines Menschen auf seine Krankheitsdisposition schließen will, kein vernünftiges Mittel gegen einen banalen Schnupfen. Sei es die *Rhinitis acuta* oder das Nare-Syndrom, die *Rhinitis vasomotorica*. Wie kann wissenschaftliche Akribie und Exaktheit, der generelle Anspruch auf logische Erklärung ein Fundament von Wissenschaft sein, wenn unzählige Gründe für eine Erkrankung vorliegen können, aber nicht müssen, weil sie wiederum statistisch nicht immer zutreffen, und man oftmals gar nicht weiß, warum eine Erkrankung entsteht. Dennoch gibt es hier die tollsten Theorien, die wiederum allseits wohlwollend akzeptiert werden, obwohl sie manchmal groteske Widersprüche in sich tragen. Der durchtrainierte Sportler, der am plötzlichen Herzinfarkt verstirbt, obwohl er nicht die Spur einer verengten Coronararterie aufweist; oder der sibirische Bauer, der nie geraucht hat und fünfzig Jahre seines Lebens stets die frischeste und klarste Luft seinen Bronchien zukommen ließ, stirbt am Lungenkrebs. Und übrigens: die genaue Ursache eines Schnupfens ist auch bis heute nicht eindeutig geklärt.

Wenden wir uns kurz der Theologie zu.

Als universitäres Studienfach an den entsprechenden kirchlischen Hochschulen etabliert, wird sie doch von den anderen Wissenschaften hinter vorgehaltener Hand milde belächelt. Als Wissenschaft von Gott und seinen

Offenbarungen befasst sie sich mit einer als wahr angenommenen Religion, ihrer Offenbarung, Historie und Überlieferung. Auf die eklatanten wissenschaftstheoretischen Defizite der Theologie kann ich hier nicht eingehen.

Sie sind aber in höchstem Masse ebenso interessant wie bedenklich stimmend.

Da gibt es beispielsweise die sogenannten Gottesbeweise, die die Existenz eines universalen Schöpfers und Lenkers darlegen sollen. Obwohl sie längst obsolet sind, werden sie in Fachkreisen doch noch diskutiert. Diese Gottesbeweise sind ein Konglomerat philosophischer und religiöser Ansätze, dass man nur noch mit dem Kopf schütteln kann. Und dennoch galten sie für Jahrhunderte als gegeben und wahr. Der mündige Leser findet zu diesem speziellen Thema eine Unmenge an Literatur. Ich verweise allgemein darauf.

Und noch eines: Nach gültiger theologischer Doktrin greift Gott nicht in die Geschicke des Menschen ein. Er hat dies wohl nie getan und beabsichtigt dieses auch nicht in Zukunft zu tun. Soweit so gut. Warum aber hat er dies in den alttestamentarischen Berichten und Ausführungen mehr als oft getan? Von Mose bis Hesekiel oder Jesaja war es das Privileg Gottes, stets und immer und manchmal sogar urplötzlich und ohne Warnung, einzugreifen. Ab und an wird dann von offizieller Seite verlautbart, man dürfe die Schilderungen der Chronisten nicht immer so ernst nehmen. Wie das? Gottes Wort nicht ernst nehmen?

Hin und wieder versank wohl einer der biblischen Berichterstatter in einen visionären Dämmerzustand. Wie bitte? Gottes Wort die Folge eines mentalen Blackouts?

Weiter geht's zur nächsten Attraktion der Wissenschaften. Am Beispiel der Physik lässt sich auch wundervoll belegen, dass Wissenschaft letztendlich eine Errungenschaft von Menschen ist und demzufolge voller Fehler, Widersprüche und peinlicher Beurteilungen ist. Die Suche nach der universellen Weltformel, an der schon der deutsche Physiker und Nobelpreisträger **Werner Karl Heisenberg** scheiterte, der Entstehung des Universums und seinem Aufbau gerät faktisch ins lächerliche. Ob Stringtheorie oder Inflationstheorie, Hochenergiephysik, Einsteins Relativitätstheorie oder Quantenphysik; nichts, aber auch rein gar nichts, passt zusammen. Nach der sogenannten Inflationstheorie hat sich das Universum, unser Kosmos, nach dem sog. „Big Bang", dem Urknall, ausgedehnt.

Aus einem Tropfen Wasser wurde praktisch ein Ozean. Obwohl es bis heute keine vernünftige Basis dafür gibt, wird diese Theorie als gegeben hingenommen. Der englische Mathematiker und theoretische Physiker **Roger Penrose** hält diese Theorie einfach nur für völligen Unsinn. Je mehr in diesen Bereichen geforscht wird, um so widersprüchlicher und unübersichtlicher wird die ganze Thematik.

Als wissenschaftliche Hilfsdisziplin dient die Statistik der zahlenmäßigen Untersuchung von Massenerscheinungen. Sie ist an entsprechende Fach - disziplinen gebunden, wie z. B. Physik, Medizin, Sozialwissenschaften oder der Psychologie.

Die Statistik blickt auf eine ca. 4.000-jährige Geschichte zurück. Als ihr Begründer gilt der Jurist und Historiker **Gottfried Achenwall** (1719 – 1772). Man unterscheidet eine beschreibende oder deskriptive Statistik, analytische Statistik und die Wahrscheinlichkeitsrechnung. Doch auch in der exakten Welt der Statistik werden offensichtlich plumpe Fehler gemacht. Wie unlängst spanische Wissenschaftler herausfanden, wird das Aufrunden von Dezimalstellen nach einem Komma von einigen Wissenschaftlern nicht richtig beherrscht.

Anstatt z. B. von 2,39 auf 2,4 aufzurunden, wird gleich auf 2,5 erhöht. Die Fehlerquote soll zwar bei Auswertung der Daten nur 4% betragen und keinen Einfluss auf wissenschaftliche Aussagen haben; aber vier Prozent sind vier Prozent. Und diese Fehlbehaftung wird in wissenschaftliche Theorien impliziert und geduldet. So großzügig ist Wissenschaft zu sich selbst.

Als der englische Naturforscher und führende Vertreter der Abstammungslehre **Charles Darwin** (1809-1882) seine Auslese und Selektionstheorie der Arten vorstellte und in seinen beiden Hauptwerken „*Über die Entstehung der Arten durch natürliche Zuchtwahl*", 1859 und

*„Die Abstammung des Menschen und die geschlechtliche Zuchtwahl"*, 1871, seine Erkenntnisse und Beobachtungen niederschrieb, wurde er zunächst bejubelt und gefeiert. War es doch gelungen, den Werdegang des Menschen und der Arten, wenn auch mit kleinen Unebenheiten, zu erklären. Mitnichten war das aber allerdings der Fall. Denn Darwin hat entgegen anderslautender Bekundungen nie gesagt, dass wir heutigen Menschen direkt vom Affen abstammten. Das taten dann allerdings um so mehr seine akademischen Kollegen. Nach dem Wahlmotto äffische Anatomie hin, menschliche Gene her, wird bis zum heutigen Tag doziert und deklariert, dass wir Heutigen vom Menschenaffen abstammen. Punkt.

Kurzum: Aus dem einen Affen entwickelte sich der nächst höhere; bis dann letztendlich der Jetzt-Mensch auf der Bühne des Lebens erschien.

So schön nahtlos und ebenmäßig könnte es sich ereignet haben; hat es sich aber leider nicht. Ob Neandertaler, Cro-Magnon-Mensch, Java-Mensch, Australopithecus, Peking- Mensch oder Homo habilis: nichts, aber auch rein gar nichts passt zusammen.

Und schon gar nicht konnte auch nur eine einzige Ursprungslinie bis dato ermittelt werden. Das sogenannte Missing-Link, das fehlende Glied sozusagen das I-Tüpfelchen zur Menschwerdung wurde bisher noch nicht gefunden. Und ich kündige berechtigte Zweifel an, ob man dieses Bindeglied zwischen Affen und Menschen jemals finden wird, da es vermutlich nie existiert hat. Aber auch zu dieser brisanten Thematik rollt der wissenschaftliche Tross der Paläo-Anthropologie unbeirrt durch die Entstehungsgeschichte des Menschen, rumpelt schon mal über kleine Unebenheiten, doch insgesamt stört das wenig. Mit einer unverständlichen und schon an Dummheit grenzenden Arroganz wird hochmütig lächelnd eine Erkenntnis präsentiert, die jeder Neandertaler rasch widerlegen könnte. Das ganze Dilemma beginnt schon damit, dass ein exaktes Alter des Menschen nicht angegeben werden kann. Existieren wir in unserer heutigen Anatomie seit nunmehr zwei Millionen, oder doch wohl eher erst seit rd. 100.000 Jahren? Trennten sich einst der geschickte Homo habilis und der aufrecht daherkommende Homo erectus einst im fernen Afrika, um die Menschwerdung weltweit zu organisieren? Niemand weiß es. Anderslautende Darstellungen sind schlichtweg falsch. Bei genauerer Beschäftigung mit den bisher gemachten sogenannten wissenschaftlichen Thesen zur Menschwerdung sträuben sich bei einem halbwegs logisch denkenden Menschen dann doch ganz schnell die Haare. Ein unsystematisches und wirres Darstellen von Theorien, Hypothesen und Vermutungen offenbart sich dem verdutzten und staunenden Leser Wiederum ein Beispiel: Einmal ist der Homo sapiens, also der Jetzt-Mensch praktisch aus dem Nichts aufgetaucht. Bei anderen Gelehrten, die ihre Anhänger für weniger dumm verkaufen wollen, hatten wir dann doch schon entsprechende Vorläufer.

Der aus dem bei Düsseldorf stammenden Neandertal kommende Kollege gilt heute nach allgemeiner Auffassung nicht mehr als einer unserer Urahnen. Wir sind zwar verwandt mit ihm, stammen aber doch aus unterschiedlichen Arten, jedoch vom selben Homo erectus. Und je nach akademischer Schule und Sichtweise kann wiederum angenommen werden, dass bestimmte andere Knochenfunde wiederum als sog. Später Homo erectus oder als archaischer Homo sapiens beurteilt werden können.

Das entstammt nun nicht meiner blühenden Fantasie sondern ist tatsächlich heutige wissenschaftliche Lehre! Bei allem Respekt und auch Demut vor der altehrwürdigen Paläontologie: ideelle Auswüchse und Borderline-Symptome vermag ich schon zu erkennen. Aber kein Wunder, dass bei der Vielzahl an Knochen, die gefunden werden, man vor lauter Bäumen den

Wald nicht mehr sieht oder sehen will. Kommen dann auch noch Fakten auf den Tisch der Evolution, die vermuten lassen, dass wir Heutigen gar schon seit mehr als 50 Millionen Jahren über diese Erde schreiten, entbehrt das natürlich jeglicher Logik, ist abstrus, albern; passt eben nicht ins Bild der wissenschaftlichen Ansicht. Es ist aber auch eine Crux mit diesen ganzen Fakten und Daten, Spuren, Hinweise und Methoden, mit denen das alles zustande gebracht wird. Doch zwischen den Lehrstühlen der Paläo-anthropologischen Wissenschaften beginnt es schon seit langem gehörig zu ziehen. Der unvoreinge-nommene Wind der Erkenntnis pfeift durch sämtliche Gelehrtenstuben und der sprichwörtliche Mief unter den Talaren wird gehörig gelüftet. Doch wie bereits erwähnt, ist dies ein Preis, den auch die Wissenschaft zu entrichten hat, wenn sich nur verkrusteten Strukturen und Gewohnheiten hingegeben wird.

Die Paläontologie, die sich vorrangig mit der Menschwerdung im speziellen und dem Werdegang des Lebens im allgemeinen befasst, ist eigentlich eine recht junge Wissenschaft. Vom griechischen Wort „palaios" – „alt" und „onto" – „das Seiende" ist sie die Wissenschaft und Lehre von der Evolution pflanzlicher und tierischer Organismen früherer geologischer Perioden. Die anfängliche Versteinerungskunde und

Ausgrabungskunde (nicht zu verwechseln mit der Archäologie) avancierte recht schnell zu einer angesehenen Wissenschaft und wird seit etwa 1835 nach wissenschaftlichen Kriterien und Strukturen ausgeübt.

Ihr regulärer Begründer war der französische Naturforscher **Georges Cuvier** (1769 – 1832). Als interdisziplinäre Wissenschaft versteht sie sich als eine Art Drehachse zwischen Biologie, Anthropologie und Geologie. Teilgebiete der Paläontologie sind z. B. Die Paläozoologie, die sich mit Tieren befasst, die Paläoanthropologie, die die Stammesgeschichte des Menschen erforscht und die Paläobotanik, die sich eingehend mit fossilen (versteinerten) Pflanzen beschäftigt. Geobiologische, astrobiologische und auch paläogeographische Fächer runden diese sehr komplexe Wissenschaft ab. Und obwohl vielfältige moderne Untersuchungsmethoden den Forschenden und Lehrenden dieser Wissenschaft zur Verfügung stehen, werden unangenehme Fakten außer Acht gelassen und nach altbewährter Gelehrtentradition erst gar nicht zur Kenntnis genommen oder allenfalls milde belächelt.

Beginnen wir also nun mit einem relativ kurzen Streifzug durch die Entstehungsgeschichte des

Menschen. Leider aber, so muss ich schon an dieser Stelle den ersten Einwand erheben, wird es mehr oder weniger nur ein vager Überblick werden. Denn ebenso leider kann ich bei besten Willen nicht mit bestechenden und Klaren Fakten aufwarten. Was sich bei der Durchsicht der Fakten- und Datenlage dem immer mehr verdutzten Rechercheur (also mir) und Leser offenbart, hat tatsächlich schon apokalyptische Eigenschaften. Ich möchte nun hier nicht allzu dramatisch wirken, aber Tatsache ist wieder einmal, dass nichts, aber auch rein gar nichts zusammenpasst. Nichts, aber auch gar nichts ist geklärt. Und, um ganz nüchtern und sachlich zu bleiben, erlaube ich mir vorab schon einmal zu postulieren, dass wir de facto nichts in der Hand haben, was auch nur annähernd die menschliche Entwicklungsgeschichte in ihrem frühen Verlauf erklären könnte. Leider ist dem so.

Der deutsche Biochemiker **Frederic Vester** (23.11.1925 – 2.11.2003) schreibt in seinem Buch „*Bausteine der Zukunft*", erschienen 1968 bei Fischer Bücherei GmbH in Frankfurt/Main, folgendes Zitat:

*Wie es Rudolf Kinski, der Direktor des Instituts für Gesellschaftswissenschaften und politische Bildung ausdrückte, ist leider auch die Atmosphäre an vielen unserer Universitäten und Forschungsstätten noch ein einziger Hohn auf die Verfassungsbestimmung, dass Wissenschaft, Forschung und Lehre frei seien. Denn alle drei sind noch der Allgewalt der Professoren unterworfen, die bei ihren Entscheidungen nicht immer wissenschaftliche Maßstäbe anlegen.*

*Neue Methoden und Ideen werden vielfach abgewürgt, und eine mediokre akademische Lehrerschaft wird herangezüchtet, die ihren Schülern nicht mehr zu sagen hat ...*
*Der ethische Wert einer Wissenschaft liegt vor allem in ihrer undogmatischen Haltung gegenüber „Wahrheit" und „Irrtum", in dem Bewusstsein, dass Wahrheit ständig sich ändert, weil jede neue Erkenntnis schon wieder den Keimder Metamorphose ihrer selbst in sich trägt.*

*Max Born, der große Physiker, sagte folgende Worte, die neben ihrer Anklage diese Hoffnung bestätigen: „Die Lockerung des Denkens scheint mir der größte Segen, den die heutige Wissenschaft uns gebracht hat. Ist doch der Glaube an eine einzige Wahrheit und deren Besitzer zu sein die tiefste Wurzel alles Übels in der Welt."...*

Dem kann ich natürlich nichts hinzufügen. Höchstens, dass ich alle Beteiligten aufrufen möchte, dies von

ganzem Herzen zu befolgen und anzuwenden. Um wie vieles leichter würde es in der Welt zugehen?!
Als dann. Beginnen wir mit einem lockeren, unvoreingenommenen und bar jeder wissenschaftstheoretischen Knebelung, Streifzug durch die frühen und ersten Anfänge des Menschen. So es denn jemals einen ersten Anfang gegeben haben sollte! Denn, wie bereits erwähnt, weiß ich gar nicht so recht, wo ich überhaupt anfangen soll; denn ein größeres wissenschaftliches Chaos und eine schier unübersichtliche und wenig geordnete Thematik im wissenschaftlichen Gewand findet man sehr selten.

Wie schon gesagt, beginnt das traurige Dilemma schon damit, dass ich nicht einmal in der Lage bin, einigermaßen gesicherte Angaben über das eigentliche Alter des Menschen zu machen. War unser Prototyp nun der sog. Homo erectus, der schon aufrecht gehende Frühmensch, welcher vor ca. zwei Mio. Jahren sein Dasein gefristet haben soll; oder war es doch der Cro-Magnon-Mensch, der sich vor rd. 120.000 Jahren vom afrikanischen Kontinent anschickte, den heutigen Homo sapiens zu kreieren? Niemand weiß es; und dennoch brüstet man sich damit, als wäre es gesichertes Wissen. Doch weit gefehlt. Teilweise ist nach Sichtung der Fakten für mich als juristischen Laien schon fast der Rechtsbegriff der arglistigen Täuschung anzuwenden. Denn das, was sich die Wissenschaft hier erdreistet zu behaupten, kommt dem meines Erachtens schon ziemlich nahe.

Im Jahre 1979 wurden in Laetoli, im afrikanischen Tansania Fußabdrücke in ca. 3,6 Mio. Jahren alter Ascheablagerungen gefunden. Nach genauer Sichtung und Analyse der Abdrücke kamen die damaligen Wissenschaftler, speziell um die englische Archäologin **Mary Leakey** (1913 – 1996), zu dem Ergebnis, dass diese Abdrücke aufgrund ihrer anatomischen Gegebenheiten denen heutiger moderner Menschen in nichts nachstanden. Dummer- und rätselhafter Weise aber standen diese Fußabdrücke in krassem Gegensatz zu den ebenfalls 3,6 Mio Jahren alten affenähnlichen Spuren des bis dahin gefundenen Australopithecus, einem Menschenaffen. Jedoch kein Widerspruch für die Wissenschaft. Affe hin, Mensch her: die akademische Stellungnahme ist die für mich gleichsam zynische wie lapidare Behauptung, nämlich *„dass man vor einem Rätsel steht".* Nachzulesen in der Märzausgabe der Zeitschrift *Natural History* aus dem Jahre 1990.

Ich weiß nicht wie der momentane aktuelle Stand in dieser Sache ist. Aber es würde mich keinesfalls wundern, dass man nicht noch die Dreistigkeit besitzt und behauptet, Frau Leakey habe die Abdrücke bewusst oder auch nur unbeabsichtigt von ihren eigenen Füßen in den tansanischen Sand gedrückt. Vielleicht wird ja aber auch gesagt, dass der Australopithecus seine eigenen modernisierten Füße in den Sand gesetzt hat, um evolutionären Thesen besser zu entsprechen.Vielleicht wird ja aber auch gesagt, dass der Australopithecus seine eigenen modernisierten Füße in den Sand gesetzt hat, um evolutionären Thesen besser zu entsprechen.

*„Tatsächlich hat sich die Naturwissenschaft an das Kausalitätsdenken derartig fixiert, dass sie kausale Begründungen (pseudokausale oder finale) auch dort formulierte, wo allein die richtige Fragestellung diesen Unsinn hätte verbieten können. Auf die Frage, warum wohl der Giraffe ein so langer Hals gewachsen sei, antwortete sie den Schülern der Zoologie unbeanstandet durch Jahrzehnte: „Damit die Giraffe die Blätter auf den Bäumen erreichen kann." Diese Antwort hat mich als Schüler zu der anderen Fragestellung herausgefordert, warum wohl der Floh so hoch springen kann. Die richtige Antwort in dieser Logik, die mir jedoch kein Lob einbrachte, konnte nur lauten: „Damit er schon vom Knie aus ins Dekollete hüpfen kann." Finales Denken steht nicht im Gegensatz zum Kausalismus, sondern ist eins seiner Resultate. Wie sich im Denken des täglichen Gebrauchs Finales und Kausales mischt, zeigt sich in einer Inschrift, die ich 1959 vor dem Käfig der Streifenhyäne im Frankfurter Zoo fand. Dort steht tatsächlich: „Die abschüssige Rückenlinie ist die Folge eines übermäßig stark entwickelten Vorderteiles".*

Dieses Zitat wiederum stammt von dem deutschen Redakteur, Lektor und weltberühmten Schriftsteller **C.W. Ceram** (1915 – 1972), mit bürgerlichem Namen **Kurt W. Marek**, der mit seinem 1949 erschienenen Roman der Archäologie „*Götter, Gräber und Gelehrte*" berühmt wurde.

*Zu finden ist diese Textpassage in seinem 1962 erschienenen Buch „Provokatorische Notizen".*

Um hier noch einmal auf unsere tansanischen Fußabdrücke zurückzukommen: Wer weiß schon, was für evolutionäre Quantensprünge bereits stattgefunden haben? Warum also *auch* nicht beim alten Australopithecus, der podologisch gesehen dem modernen Menschen gleichkommt, ansonsten mit seiner Anatomie aber noch seinen äffischen Kollegen ähnelt?! Nein. Spaß beiseite: Ich will nicht hoffen, dass diese oder eine ähnliche These bereits zur Erklärung dient.

Die folgenden Zeilen befassen sich nun mit der sogenannten Evolution, ein bis heute wissenschaftlicher Grundsatz, der bar jeder wissenschaftlichen Grundlage ist und als vordergründiges Argument etwas zu erklären versucht, was nicht zu erklären ist. Deswegen und darum beschränke ich mich hier nur auf das Wesentliche, um diese eigentlich obsolete Theorie zu erklären. Wie bereits erwähnt, war es Charles Darwin, der diesen völlig haltlosen Unfug zunächst aufgrund seiner langjährigen Forschungsreisen glaubte erkannt zu haben und damit eine willkommene Grundlage schuf, auf die sich heute noch die Wissenschaften berufen.

### *Wer wenig denkt, irrt viel*

Diesen angeblichen Ausspruch des großen Universalgelehrten **Leonardo da Vinci** (1452 – 1519) kann man daher zum jetzigen Zeitpunkt getrost auf die Evolutionstheorie beziehen und natürlich auch anwenden in ihrer praktischen Umsetzung.

Um was geht es aber nun in der Theorie der Evolution?

Als der tüchtige Darwin seine Ansichten über die Evolution zu formulieren begann, hatten aber bereits lange Zeit vor ihm andere Gelehrte versucht, die Entwicklung und Artenvielfalt des Lebens zu erklären. Der schon erwähnte Lamarck mit seinen berühmten Giraffenhälsen oder auch der griechische Philosoph **Anaximander** (610 – 550 v. Chr.), der die Entstehung des Menschen aus Fischen erklären wollte, gaben sich große Mühe, dieses Wunder zu erklären.

Zu erwähnen wäre in diesem Kontext noch der österreichische Geistliche und Naturforscher **Gregor Mendel** (1822– 1884), der mit seinen genetischen Erbsenexperimenten für großes Aufsehen sorgte und somit als Begründer der Erbforschung betrachtet werden kann. Allerdings wollte Mendel nun nicht unbedingt die Ursprünge des Menschen in einer Handvoll Erbsen sehen. Obwohl manche Erbsenzähler dies heute gerne so hätten. Grob gesagt, wollten alle herausfinden, warum wir sind, was wir sind. Und das bezogen auf alles, was kreuscht und fleuscht. Und noch grober erklärt, wollte Darwin samt seinen Zeitgenossen erkannt haben, dass bestimmte Merkmale einer Spezies, so sie dem Überleben dienlich ist, durch Veränderung, durch Mutation, weiter vererbt werden. Hinzu kommen noch Momente der sogenannten natürlichen Selektion, der Auslese, das Moment des Zufalls und Erkenntnisse der modernen Genetik.

Und schwuppdiwupp ist erklärt, was nicht zu erklären ist! Um noch etwas ins Detail zu gehen, muss ich den Leser mit einigen Begriffen der Evolutionstheorie bekannt machen, damit es nicht wieder heißt, man hätte nur oberflächlich gearbeitet.

Ganz allgemein zählen hierzu Begriffe wie die synthetische Evolutionstheorie, oder auch die sog.

Deszendenztheorie, nach der alles Leben auf einen Prototypen, einer Urform, zurückgeht. So wird denn von Generation zu Generation und nochmals von Generationen zu Generationen weitergegeben, was denn letztendlich eine Spezies für ihr Überleben benötigt oder auch nicht. Durch Mutation und Rekombination, Anpassungsselektion, Zufallsselektion (Gendrift), Migration (Genfluss) und Isolation soll schließlich unsere jetzige Kultur bzw. der Jetzt-Mensch entstanden sein.

Hierzu Beispiele: Wale, bevor sie dann zu Meeressäugern wurden, hatten einen an Land lebenden Vorfahren. Dieser wiederum sagte sich eines Tages unter Inklusion seiner neuronalen Hirnverknüpfungen, dass es aus diesen und jenen Gründen wohl besser sei, im Wasser zu leben, statt an Land. Gedacht, getan. Nach ein paar Generationen war es dann soweit. Anstelle von Beinen waren plötzlich Flossen vorhanden und alles andere, was solch ein imposantes Tier auszeichnet, und schon stand dem Leben im Meere nichts mehr entgegen. Unser bis dato unbekannter Vorfahre, noch in gebückter Haltung oder wie auch immer daher trabend, sagte sich eines Tages, ebenfalls nach reiflicher cerebraler Strukturierung, dass es wohl besser sei im aufrechten Gang durch die

Flora und Fauna der Urzeit zu wandeln, da man ja so alles besser überblicken könnte.

Gedacht, getan. Statt wie ein an Morbus Bechterew Erkrankter durch die Steppen zu rennen, wurde nunmehr preußischer Stechschritt daraus. So einfach war das!! Der Homo erectus wiederum sagte sich dann eines Tages, dass es ja vielleicht nicht unbedingt von Nachteil sein müsse, zukünftig wie seine gefiederten Freunde, am Himmelszelt durch die Lüfte brausen zu können! Aus sehr Zweck–dienlichen und der Spezies überaus hilfreichen Gründen. Doch bis zum heutigen Jahre 2013 scheint sich nach meinem Dafürhalten in dieser Richtung nicht allzu viel zu bewegen. Ich jedenfalls habe bei mir persönlich noch keine Ansätze von Flügelwachstum beobachten können, obschon mehr als genug Generationen seitdem verstrichen sind.

Nein, jetzt bitte Spaß beiseite. Und dennoch werden die von mir gemachten Ausführungen so oder so ähnlich als Argumentationshilfe für die Entwicklung des Lebens herangezogen.

Ein Ableger der traditionellen Evolutionstheorie ist die sog. Frankfurter Evolutionstheorie der dortigen Senckenberg-Forschung. Hiernach werden beispielsweise Organismen in ihrer Konstruktions-morphologie faktisch als hydraulische Konstrukte betrachtet, die bestimmtem Organisationsprozessen unterliegen, sich der Umwelt anpassen und nach der Evolution irreversibel, also nicht wieder rückgängig zu machen ist. Schließlich und letztendlich ist dann nach dieser Theorie in der Evolution nur das möglich, was die organisationsinternen Strukturen der Organismen nach ihren Ordnungsgrundsätzen zulassen.

Puh, das muss man erst mal sacken lassen und genüsslich auf der Zunge seinen Geschmacksknospen mitteilen. Aber mit etwas gutem Willen, und vor allen Dingen weniger schwülstig, kann man das Ganze auch anders ausdrücken: Ausgestattet mit einer bestimmten Form, einer Morphologie, fungieren Organismen praktisch als wandelnde Flüssigkeitsbehälter, die gewissen Gesetzmäßigkeiten und Prinzipien unterliegen und natürlich keine Bäume in den Himmel wachsen lassen. Noch anders ausgedrückt: zwei oder drei Flüssigkeitsansammlungen in einem Organismus genügen, und schon beginnen wir uns zu entwickeln, die Evolution kann starten. Aha. Gut, ein Floh wird kaum ein Elefant werden wollen (warum eigentlich nicht?), da ihm das ja seine innere Gesetzmäßigkeit verbietet; aber der Australopithecus, der schon mit einigen Litern an Wasser, Blut und Lymphe ausgestattet war, hatte da günstigere Voraussetzungen?! Doch plötzlich kam mir beim Schreiben, dank der evolutionären Gesetzmäßigkeiten, eine Idee: Des Rätsels Lösung liegt im Wasser! Heureka, ich hab`s: Da alle Organismen fast nur aus Wasser bestehen, und Wasser schlechthin als Urstoff des Lebens gilt, braucht es nur eine Hülle und schon fährt der evolutionäre Express unaufhaltsam durch die Urzeiten.

Allein dem Wasser obliegt die Entstehung des Lebens. Es trägt alle Informationen in sich und konzipiert dann alles! Und wie beim 1519 stattgefundenen Hornberger Schießen wird erstmal drauflos strukturiert und organisiert was das Zeug hält, um dann festzustellen, dass doch so richtig nichts zusammenpasst?! Errare humanum est.

Und dabei möchte ich es auch an dieser Stelle belassen!


*„Es scheint mir, dass der Versuch der Natur, auf dieser Erde ein denkendes Wesen vorzubringen, gescheitert ist, denn in diesem Wesen sind tierische Instinkte mit intellektuellen Kräften so unheilvoll vermischt, dass die Mischung nicht mehr unter Kontrolle gehalten werden kann.“*

**Max Born**

Und weiter geht's mit schnellen Schritten durch die unheilvolle Geschichte der evolutionären Mythen.

Als der Vater aller Vögel, der Urvogel Archäopteryx 1861 erstmals gefunden wurde, hatte der noch neben Reptilienschuppen schöne normal ausgebildete Federn in seinem Gefieder, obwohl hier auch schon wieder Millionen von Jahren Zeit gewesen wäre, aus dem schuppenbesetzten Urvogel einen schönen weiß gefiederten Schwan zu machen. Doch mitnichten. Denn an irgendwelchen dubiosen inneren Struktur und Organisationskriterien kann es ihm ja nicht gemangelt haben. Kurioserweise verschwand der Vogel dann doch ziemlich abrupt und schnell vom Catwalk der evolutionären Träume.

Oder nehmen wir seinen Kollegen aus der Abteilung Fische, den Quastenflossler oder auch „Hohlstachler" genannt. Lange betrachtet als möglicher Urahn der Landwirbeltiere, galt er sogar für eine Zeitlang als Vorfahre des Menschen. Nach fossilen Funden soll der robuste Fisch vor etwa 400 Mio. Jahren durch die praesintflutlichen Ozeane geschwommen sein, bis er dann vor rd. 65 Mio. Jahren, zusammen mit den Dinosauriern, abrupt von der paläontologischen Bildfläche verschwand.

Allerdings wurde er dann im Jahre 1938 recht munter und wenig verstaubt vor der Küste Südafrikas gesichtet. Da der Quastenflossler ein partiell verknöchertes und mit Muskulatur versehenes Skelett der Brust- und Bauchflossen aufweist, wurde recht schnell von wissenschaftlicher Seite großspurig und vorschnell postuliert, dass man nun das fehlende Glied zu den Landwirbeltieren gefunden hätte. Denn demnach konnte sich dieser Superprototyp dank seiner Muskeln auch an Land fortbewegen.

Und nun, man lese und staune, wird wissenschaftliche Exaktheit ersetzt durch Mutmaßungen und Eventualitäten. Die heutigen Quastenflossler, sogenannte rezente Arten, haben wohl, so wird vermutet, keine großartige genetische Übereinstimmung mit ihren Urahnen, obwohl sie doch fast so aussehen. Okay, sieht aus wie ein Gorilla, hat identische Verhaltensweisen eines Gorillas, bevorzugt dieselbe Nahrung, hat dasselbe Sozialgefüge und artikuliert sich wie ein Gorilla; ist aber kein Gorilla, da er eben ein Pavian ist. Aha …Der Quastenflossler verfügt auch über ein rudimentäres, quasi lungenähnliches Organ, so wie seine Kumpel aus der Riege der Lungenfische, das als Indiz gilt für seine Affinität, einmal an Land zu wollen. So so …Denn aus seinen knöchernen Bauchflossen sollten sich dann die

Gliedmaßen der Landwirbeltiere entwickelt haben. Oh nein, Entschuldigung, diesen evolutionären Übergang, so die Wissenschaft, hat dann wohl doch der Lungenfisch übernommen. Bei so vielen Vermutungen, Indizien und Analogien zu anderen Tieren lasse ich den Quastenflossler dann doch lieber seine Bahnen in den unendlichen Weiten der Ozeane ziehen, würde mich aber auch sehr freuen, wenn ich einst ein Exemplar durch die Stadt gehen sehen würde. Mit Verlaub.Der Gedanke, dass Menschen bereits vor Jahrmillionen auf der Erde wandelten und nicht erst seit relativ kurzer Zeit, ist fast so alt wie die paläontologische Wissenschaft Im Jahre 1845 wurden in Sansan, Südfrankreich, Knochenfragmente des Pliopithecus gefunden, einer Primatengattung bescheidener Größe, die als Vorläufer der heutigen Gibbon-Affen zählen und im Miozän gelebt haben sollen. **Edourad Armant Lartet** (15.4.1801–28.1.1871), ein französischer Jurist und Urzeitforscher vermerkte über seinen Fund folgendes: *Auf diesem Stück Erde lebten einst Säugetiere, die auf einer viel höhern Stufe standen, als jene, die es heute gibt ... Verschiedene Stufen der Rangleiter tierischen Lebens waren hier vertreten, bis hinauf zum Menschenaffen. Eine höhere Form, die menschliche Art, ist nicht gefunden worden ... von ihrer Abwesenheit in diesen frühen Schichten dürfen wir jedoch nicht voreilig darauf schließen, dass sie nicht existierte ... "*

( *M.Boule und H.V. Vallois 1957 Fossil Men London* )

Im Jahre 1912 erschien im *The Geological Magazine* ein Bericht des Geistlichen, Geophysikers und Geologen **Osmond Fisher** (1817–1914). Das Mitglied der Geologischen Gesellschaft von London und des *Kings College London*, der auch seine mathematischen Kenntnisse in die Wissenschaften einbezog, hatte eine interessante Beobachtung getätigt, die aber wieder sehr schnell im Meer des wissenschaftlichen Vergessens verschwand:

*„Als ich bei Barton Cliff* (bei Hampshire, England. Der Verfasser) *nach Fossilien aus dem Eozän grub, fand ich einen Gegenstand aus einer gagatähnlichen Substanz, der an die 9 ½ Zoll (24 cm) im Quadrat maß und 2 ½ Zoll (6,5 cm) dick war. Zumindest auf einer Seite waren, wie mir schien, noch die Spuren des Behaus sichtbar, der ihm die so gut wie quadratische Form gegeben hatte. Das Stück befindet sich jetzt im Sedgwick Museum in Cambridge.“*

Wenn Mister Fisher hier auch eine augenscheinliche Vermutung äußert, so ist doch die Evidenz des Zufalls mit anderen Funden bemerkenswert und kann nicht mehr als zufällige Häufung abgetan werden.

Als an einem Montag, den 18.8.1887, der französische Theologe und Geistliche **Abbe L. Bourgeois** (28.4.1819–19.6.1878) seinen hauptamtlich tätigen Kollegen des Pariser Kongresses für Archäologie und prähistorische Anthropologie seine Entdeckung

vorlegte, ahnten wahrscheinlich nur wenige
Anwesende die Dimension, die diese Entdeckung
angenommen hätte, wäre sie denn nur richtig
gewürdigt worden. Denn das, was der redliche Priester
bei Grabungsarbeiten in der südwestlich von Paris an
der schönen Loire gelegenen Stadt Orleans gemacht
hatte, müsste auch der berühmten Tochter der Stadt,
Jeanne d`Arc, gefallen haben. Auch wenn dieser Fund
alles andere als jungfräulich war.

Der seriöse Theologe, der sich neben seinem Gott
schon seit Jahrzehnten eben auch mit handfesteren
archäologischen Themen befasste, tischte den
staunenden Mitstreitern Feuersteingeräte auf, die ins
frühe Miozän oder auch ins Oligozän datiert wurden.

Neben diesen Feuersteingeräten, die später
experimentell bestätigt wurden, konnte der tüchtige
Bourgeois auch mit anderen Werkzeugen aufwarten,
die er in der gleichen Kalksteinformation gefunden
hatte, wie eben jene Feuersteingeräte.

So fand er neben Bohrwerkzeugen und Klingen auch
Schaber, die Spuren menschlicher Bearbeitung
aufwiesen. Dass aber Werkzeuge, die ein Alter von
rund 25 Mio. Jahren haben sollten, passte
selbstverständlich nicht in die menschliche
evolutionäre Mär und wären wohl lieber wieder in ihr

kühles Kalksteinbett zurück verfrachtet worden. Doch dazu war es zu spät.

Lange Zeit standen die Funde des Abbe im Mittelpunkt wissenschaftlicher Streitigkeiten, wobei dann aber die positiven Gutachten überwiegten. Natürlich steht auch nach wie vor die Meinung im Raume, ein äffischer Vorfahre hätte dies alles fabriziert. Allerdings möchte ich hier den Einwand erheben, noch keinen Orang-Utang oder Gorilla gesehen zu haben, der sich mittels Feuersteingerätenein pflauschiges Lagerfeuer bereitet hat. Oder doch?

**Prof W. G. Burroughs**, Chefgeologe am *Berea College* im U.S. Bundesstaat Kentucky berichtet von einem Fund menschenähnlicher Fußabdrücke, die letztlich einem Alter von 300 Mio. Jahren entsprechen würden. Der in einem Museeum verewigte Wissenschaftler schreibt dann auch in seinem rd. 70 Jahre alten Bericht von …

„

*... Geschöpfen, die zu Beginn des Oberen Kohlezeitalters auf ihren zwei Beinen gingen, mit Füßen, die menschlichenähnlich waren, und auf einem Sandstrand im Rockcastle County, Kentucky, Spuren hinterlassen haben. Es war die Zeit der Amphibien, in der die Tiere sich auf vier Beinen vorwärts bewegten oder – seltener – vorwärtshoppelten und Füße hatten, die keineswegs an menschliche erinnerten. Aber in Rockcastle, Jackson und mehreren anderen Countys in Kentucky, sowie an verschiedenen Stellen zwischen Pennsylvania und Missouri, existierten Geschöpfe mit Füßen, deren Erscheinungsbild auf seltsame Weise an Füße von Menschen gemahnt, und die auf zwei Hinterbeinen gingen. Der Verfasser dieser Zeilen hat die Existens dieser Geschöpfe in Kentucky nachgewiesen. Durch die Mitarbeit von Dr. C. W. Gilmore, dem Kustus der Abteilung für Paläontologie der Wirbeltiere an der Smithsonian Institution, konnte gezeigt werden, dass ähnliche Wesen auch in Pennsylvania und Missouri lebten ... Die Fußspuren haben sich in die waagerechte Oberfläche harten und massiven grauen Sandsteins auf der O-Finnell-Farm eingedrückt. Es gibt drei Paare von Abdrücken mit linken und rechten Füßen ... Jeder Fußabdruck weist fünf Zehen und einen deutlichen Spann auf. Die Zehen sind gespreizt, wie bei einem Menschen, der nie Schuhe getragen hat ... Die Sandkörner auf den Abdrücken liegen enger beieinander als die Sandkörner des Felsens unmittelbar außerhalb der Fußspuren, was auf den Druck zurückgeht, den die Füße des Geschöpfs auf den Untergrund ausübten. Am dichtesten liegen die Sandkörner an der Ferse, doch selbst unter dem Spann sind sie noch näher zusammengerückt als außerhalb desAbdrucks ... Der Druck auf die Ferse war natürlich größer als auf dem Vorderfuß. "*

161

Dass Prof. Burroughs sich mit seiner Theorie der vorzeitlichen Menschen in bester Gesellschaft befindet, kann man auch an den Äußerungen seines akademischen Kollegen **Max Verworn** sehen.

Der deutsche Physiologe (1863–1921), welcher sich wissenschaftlich und hauptberuflich mit den natürlichen Funktionen der menschlichen Zellen befasste, hatte auch eine große Passion für das Gebiet der prähistorischen Archäologie. Ganz unumwunden bemerkte dann auch dieser charismatische Wissenschaftler, dass es bereits Menschen zu einer Zeit gegeben haben musste, zu der uns die Schulwissenschaft allenfalls das Entwicklungsstadium eines Froschlurchen zubilligen würde.

Prof. Verworn war nun nicht irgendein wissenschaftlicher Freidenker und aufmüpfiger Rebell, sondern ein durch und durch vehementer Verfechter der darwinschen Evolutionstheorie, der dennoch das Attribut der Unvoreingenommenheit und absoluten Objektivität bewahrte.

So schreibt Verworn dann auch in einem 1905 erschienenen Bericht: „

*Die Tatsache, dass die aufgefundenen Skeletteile des Menschen uns unsere pleistozänen Vorfahren im Wesentlichen bereits auf unserer jetzigen morphologischen Entwicklungsstufe zeigen, der auf dem Boden der Evolution steht, höchst wahrscheinlich machen, dass die Anfänge der Entwicklung unseres Geschlechts und seiner spezifisch menschlichen Charaktere weit über das Pleistozän zurükkreichen, mindest bis in dieTertiärzeit hinein ."*

Eine solche Äußerung würde heutzutage in den wissenschaftlichen Gestühlen ein merkliches Hin- und Herrücken verursachen, trotz aller Selbstbekundungen der wissenschaftlichen Freiheit und Toleranz. Allerdings beruhigt der weitsichtige Verworn seine irritierten Kollegen sofort mit einer Relativierung seiner Äußerung, die aber zeigt, das neuartige Entdeckungen und starre wissenschaftstheoretische Regeln sich nicht unbedingt gegenseitig aufheben.

Verworn schreibt weiter in seinem Bericht:

*„Trotz dieser theoretischen Forderung der Naturforschung ist die moderne Wissenschaft nur sehr zögernd an die Frage nach dem tertiären Menschen herangetreten und hat sich allen Angaben über die Spuren desselben außerordentlich mißtrauisch gegenübergestellt. Durchaus mit Recht, denn in aller wahren Wissenschaft muss jede Erkenntnis erst das Feuer des Zweifels passiert haben, ehe sie Anerkennung finden darf."*

Nun war Verworn aber kein bloßer Theoretiker, sondern auch ein handfester Praktiker, der sein Wissen durch unzählige Ausgrabungen und Untersuchungen erwarb, beispielsweise durch Funde von Feuerstein-geräten und Schaber wie schon sein Kollege Bourgeois.

Nach ausführlicher Darstellung seiner wissenschaft-lichen Methodologie und Arbeitsauffassung kommt der Wissenschaftler in seinem Bericht dann zu folgendem Schluss:

*„Finde ich in einer interglazialen Geröllschicht einen Feuerstein, an dem eine deutliche Schlagbeule zu sehen ist, sonst aber kein weiters Symptom absichtlicher Bearbeitung, so werde ich zweifelhaft sein, ob ich ein menschliches Manufakt vor mir habe. Finde ich dagegen einen Feuerstein, der auf der einen Seite die typischen Schlagerscheinungen zeigt und der auf der Rückseite noch die Negative von zwei, drei, vier anderen, in der gleichen Richtung abgesprengten Abschlägen trägt, befinden sich ferner an einer Kante des Stückes zahlreiche, parallel nebeneinander verlaufende kleine Schlagmarken, die alle ohne Ausnahme von der gleichen Seite des Randes her abgeschlagen sind, erscheinen schließlich die übrigen Kanten des Stückes vollkommen haarscharf ohne eine Spur von Schlagmarken oder Spuren der Abrollung, dann kann ich mit unerschütterlicher Sicherheit sagen: Es ist ein ManufaktDerartige völlig einwandfreie Stücke habe ich nun in größerer Zahl am Puy de Boudieu eigenhändig aus der ungestörten Schicht entnommen . Damit ist der unerschütterliche Beweis für die Existenz von feuersteinschlagenden Wesen im Ausgang der Miozänzeit geliefert. "*

Immer wieder werden die sogenannten Paluxy-River-Spuren erwähnt, die ein schlagendes Indiz für die Unhaltbarkeit der Evolutionstheorie sein sollen. Neben Dinosaurierspuren wurden in diesem Flussbett nahe der Stadt Glen Rose im U.S. Bundesstaat Texas, auch angeblich menschliche Fußabdrücke gefunden, die sich synchron zu den Dinospuren verewigt haben sollen. Es ist hier aber nicht meine Aufgabe, ein Statement zu diesem Thema abzugeben. Hier zeigt sich massiv eine Unübersichtlichkeit, die ich nicht einzuordnen vermag. Liegen Fälschungen vor oder nicht? Gibt es doch einzelne menschliche Fußabdrücke, die authentisch sind? Der Leser möge sich mit diesem Thema befassen und sich ein eigenes Urteil bilden. Wie bereits erwähnt, ist es die Intention dieses Buches, nur ganz bestimmte Themengebiete darzustellen, die als angeblich widerlegt gelten. Die Selektion dieser Themen erfolgte von mir rein zufällig und sagt nichts über deren Stellenwert aus. Ebenso hätte ich über die weltweiten Höhlen- und Felszeichnungen, Stonehenge und anderes Gestein oder auch über die Piri-Reis-Weltkarte schreiben können. Mir geht es nur darum, anhand exemplarischer Themen nach wie vor deren Existenzberechtigung zu erläutern.

In diesem Buch habe ich nach bestem Wissen und Gewissen versucht darzulegen, dass es keine unmittelbaren Ursachen oder kausale Kontexte gibt, die für die Entwicklung und den Werdegang eines Menschen zu einem Serienmörder zwingend wären.

Wie in den zahlenmäßig sehr umfangreichen wissenschaftlichen und halbwissenschaftlichen Beiträgen, Essays und Studien zu entnehmen ist, kann keine Ursache für dieses Phänomen herangezogen werden.

Aber können wir den Serienmord als Begriff weiterhin so akzeptieren?

So wie es sich darstellt ist dieses serielle Töten eine von vielen menschlichen Verhaltensweisen, auch in zu erklärender Art und Weise, wenn auch in radikaler und anfänglicher ver-und zerstörender Form.

Doch wie beschrieben, beginnen sich die vermeintlich starren Fakten nach genauer Analyse und Begutachtung sukzessive aufzulösen.

Die Frage nach der Ursache artikuliert sich im Warum? Dieses Warum führt aber nie zu einer endgültigen Antwort. Es bedingt immer und immer wieder ein neues Warum?

Weder Neurowissenschaften, Psychiatrie und Psychologie oder die Neurobiologie haben bis zum heutigen Tage keine auch nur annähernd überzeugende Antwort.

Die alte und viel zu überstrapazierte Mär von struk-turellen Defekten auf ein entsprechendes Verhalten zu schließen ist somit widerlegt.

Ich spreche hier nicht von Serienmördern mit paranoiden Hintergründen oder psychotischen Bildern. Sondern vom *„ganz normalen"* Tätern.

Wobei die Frage nach der „*Ursache*" im psychiatrischen Bereich keinen Steinwurf weit entfernt zu sein scheint wie die hier beschriebenen Umstände. Dies wäre ein extra Buch wert!

Das „*Ereignis*" Serienmord offenbart sich nur unserem Bewussten und seiner stark eingeschränkten Wahrnehmungsfähigkeit und (unseligen?) Fähigkeit der Selektion und Abstraktion.

Was wir sehen, bewerten und beurteilen, was wir vermeintlich erleben, ist nicht kongruent mit dem, was tatsächlich ist.

Wiederum: Dieses *tatsächlich* existiert eigentlich ja auch nicht!

Auch in sozio-kultureller Hinsicht gestaltet sich die Ursachenforschung sehr schwierig. Mögen Statistiken und biographische Einlässe der Täter eine scheinbar andere Sprache sprechen; es passt nichts so recht zusammen. Und dennoch: Eine von mir erdachte Formel erklärt vielleicht etwas

### *Melancholie-Trauer-Hass=Grausamkeit*

und mag ein kleiner Fingerzeig zum *Warum* bedeuten. Denn, um dem gesellschaftlichen Anliegen in dieser Frage Rechnung zu tragen, um wenigstens einen wenn auch kleinen Anhaltspunkt der Kausalität zu benennen, an dem wir alle eine Zäsur vornehmen können, ja müssen, um nicht vollends die Übersicht zu verlieren. Kleine Läsionen physischer und/oder psychischer (geistiger) Art, kleine scheinbar flüchtige Unachtsamkeiten im Werdegang eines Kindes, vermeintlich unbedeutende Ereignisse, ein böses Wort,

167

eine unbedachte Handlung, eine daraus zu einem späteren Zeitpunkt resultierende Traurigkeit kann verheerende Folgen haben.

Zur nicht erkannten Traurigkeit gesellt sich unter Hinzuziehung individueller Umstände ein Hass, ein Hass und ein Zorn auf alles Gute, auf Schönes, auf Liebes, Hass auf sich selbst und vor allem seiner Umwelt.

Und wenn dieser Hass nur lange genug andauert, kann daraus ein wahrlich „*mörderisches*" Verhalten resultieren.

Die sichtbaren physischen Narben und Verletzungen spiegeln sich in unserem Geist wieder. Kleine Zurückweisungen im Alltag, überwiegend negative denn positive Erlebnisse, all dies mag und kann zur Katastrophe führen. Die Betonung liegt auf kann; es kann aber auch gutgehen. Die Antwort weiß nur ein A.R.Tschikatilo in seinem tiefsten Inneren.

Viele Menschen fröhnen dem Zigarettenrauchen ohne jemals auch nur ansatzweise eine daraus entstehende Erkrankung zu entwickeln. Hier wiederum räumt selbst die Schulmedizin ein, dass es einer bestimmten „Matrize" bedarf, um erkranken zu können.

Wie aber dieses spirituelle Aequivalent sich darstellen soll, weiß niemand.

Neuropathologie hin, Rechtsphilosophie her.

Erinnern sie sich noch?

*Denn Ursache und Wirkung werden im Verlaufe ihre Grenzen verlieren, ihre Polarität wird sich nach und nach auflösen und letztendlich...*

… und letztendlich kann ich nur sagen, dass ich auch keine Antwort zur Hand habe!
So möchte ich dann dieses Buch mit einem letzten Zitat schließen das auch eine mögliche Antwort enthält. Ich bitte den Leser nur, die Worte *Wahnsinn* und *Psychose* einmal durch *Serienmord* zu ersetzen.

*„Wenn einem das Leben keinen anderen Ausweg als den unmittelbar bevorstehenden eigenen Tod zu bieten scheint, wenn persönliches Handeln es einem nicht mehr gestattet, ein unwiderrufliches Schicksal zu ändern, wenn der Verlust von Hoffnung selbst noch die Möglichkeit tötet, sich eine Hoffnung vorzustellen, dann bleibt nichts anderes, als sich in sich selbst zurückzuziehen, um jenen letzten Funken von Leben, auf den das Dasein sich reduziert, vor der Negation zu bewahren. Ist es mitunter noch zu beängstigend, das Bewußtsein auf das vom Überleben zu reduzieren, so kann selbst dieses abgeschafft werden. Dann wird derjenige, der ein Subjekt gewesen ist, zu einem Ding, unempfindlich für das, was von außen einschlägt und es von innen befällt; und die Grenze zur Psychose wird überschritten".*

*(Roland Jaccard-Der Wahnsinn)*

# Quellenverzeichnis

*Jörg Spitzer- Tödliche Natur-Die Illusion vom bösen Serienmörder Bod 2019*

*Jörg Spitzer- Paläo SETI und Wissenschaft*                    *BoD 2019*

*Jörg Spitzer-Wen das Glück küßt*                    *BoD 2019*

*Hans Pfeiffer-Der Zwang zur Serie*                    *Militzke Verlag 1996*

*Peter u. Julia Murakami-Lexikon der Serienmörder*        *Ullstein Verlag 2000*

*John Douglas/Mark Olshaker-Die Seele des Mörders-Goldmann  Verlag 1998*

*Patricia Cornwell-Wer war Jack the Ripper?*        *Weltbild    Verlag 2002*

*https://de.wikipedia.org/wiki/Andrei_Romanowitsch_Tschikatilo        2023*

*https://www.crimeandinvestigation.de/blog/detail/andrei-tschikatilo.html 2023*

*http://www.serienkillers.de/serienmörder /chikatilo-andrej/        2023*

# NOTIZEN

**NOTIZEN**

Herstellung und Verlag:
BoD – Books on Demand, Norderstedt
ISBN: 9783757814120